Introdução à Filosofia da Educação

BIBLIOTECA UNIVERSITÁRIA

Gabriel Perissé

Introdução à Filosofia da Educação

autêntica

PROJETO GRÁFICO DA CAPA
Guilherme Xavier

REVISÃO
Alexandre Vasconcelos de Melo

EDITORAÇÃO ELETRÔNICA
Tales Leon de Marco

AUTÊNTICA EDITORA LTDA.

Rua Aimorés, 981, 8º andar . Funcionários
30140-071 . Belo Horizonte . MG
Tel: (55 31) 3222 68 19
TELEVENDAS: 0800 283 13 22
www.autenticaeditora.com.br

Dados Internacionais de Catalogação na Publicação (CIP)
(Câmara Brasileira do Livro, SP, Brasil)

Perissé, Gabriel

Introdução à Filosofia da Educação / Gabriel Perissé. — Belo Horizonte : Autêntica Editora, 2008.

160 p. — (Coleção Biblioteca Universitária. Série Educação ; v. 2) Bibliografia.

ISBN 978-85-7526-339-6

1. Educação - Filosofia I. Título. II. Série.

08-06463 CDD-370.1

Índices para catálogo sistemático:
1. Educação : Filosofia 370.1

SUMÁRIO

CAPÍTULO I

O que é Filosofia da Educação?

O filósofo farejador

Numa passagem do livro *A República*, Sócrates (470-399 a.C.) diz que o cão é o animal mais filosófico do mundo (cf. 376a). De fato, chama a atenção no comportamento canino esse desejo de aprender e de nos mostrar que aprendeu. Ser e manter-se curioso, procurar pistas, agir como pesquisador (noções incluídas no adjetivo *philomathés*) são atitudes e qualidades fundamentais do filósofo (*philósophos*). Em ambas as palavras destaca-se o antepositivo "filo", que remete à idéia de amor ao conhecimento.

Friedrich Nietzsche (1844-1900) parecia corroborar esta afirmação socrática, embora em oposição ao próprio Sócrates, quando sentia em cada palavra um odor, e confidenciava que seu saber vinha das narinas[1] – um filósofo farejador em busca de cheiros que o levassem para além das primeiras impressões e das opiniões rotineiras. O filósofo, amante da sabedoria, é, por definição, filomático, ou seja, um amante da investigação, um artista da pergunta.

[1] É conhecido o seu elogio ao nariz, acompanhado da crítica a tudo o que fosse pseudociência e afastamento da realidade: "– E que finos instrumentos de observação temos em nossos sentidos! Esse nariz, por exemplo, do qual nenhum filósofo falou ainda com respeito e gratidão. Ele é mesmo em verdade o mais delicado dos instrumentos que se encontram à nossa disposição: ele consegue constatar diferenças mínimas de movimento, que o próprio espectroscópio não constata" (NIETZSCHE, 2000, p. 29). Uma curiosidade apenas: o cristianismo utiliza a antiga expressão "odor de santidade" como característica de quem ingressou na órbita divina.

Imitando Platão (427-347 a.C.), Paul Valéry (1871-1945) escreve um diálogo em que Erixímaco dirige-se a Sócrates em termos que ratificam a mesma idéia sobre as narinas como captadoras de saber: "Ah, Sócrates, estou morrendo! [...] Traze a meu nariz teus agudos enigmas!" (Valéry, 2005, p. 9).

Um grande platônico brasileiro, o escritor Guimarães Rosa (1908-1967), faz Riobaldo dizer: "para pensar longe, sou cão mestre – o senhor solte em minha frente uma idéia ligeira, e eu rastreio essa por fundo de todos os matos, amém!" (Guimarães Rosa, 2001, p. 31).

O instinto filosófico do cão, a impaciência por conhecer novas pessoas (haja vista sua reação inquiridora quando chega visita em casa), ou sua reação de desconfiança perante o desconhecido (o latido ameaçador)[2] e a capacidade de morder para tirar o outro da inércia,[3] a fidelidade ao que lhe é caro, a facilidade com que volta sobre seu próprio rastro para recuperar a pista do objetivo a atingir (Grenier, 2002), e a aceitação de um certo aprendizado (ou treino), todo esse conjunto de ações foi seu passaporte para ingressar no mundo humano. "Só falta falarem" é comentário freqüente, diante da esperteza e vivacidade desses nossos companheiros. Mas se lhes falta a palavra humana, sobra-lhes capacidade para viver num riquíssimo "mundo olfativo", a que não temos acesso.[4]

A facilidade com que o cão se move dentro desse universo de cheiros e odores corresponde ao "instinto" humano de ir à caça de idéias e conceitos, causas e razões, significados e verdades.

---

[2] Mario Quintana (1906-1994) descobriu que "o único da casa que enxerga o vento é o cachorro" (QUINTANA, 2005, p. 381).

[3] Michel Onfray (1959-) escreveu um livro inquietante sobre a sabedoria cínica, estilo de vida que imita e interpreta o comportamento dos cães. Onfray fala da "mordida pedagógica" e do latido perante o estranho como características desse estilo (ONFRAY, 2002, p. 41-42).

[4] "Enquanto os seres humanos têm apenas cinco milhões de receptores de cheiro no nariz, um cão adulto tem cerca de 220 milhões. Na verdade, como as pessoas que trabalham com cães de busca podem comprovar, os cachorros têm a habilidade de sentir cheiros que nós não conseguimos sentir nem mesmo usando equipamentos científicos" (MILLAN, 2007, p. 94).

Estamos sempre mergulhados na busca mais ou menos profunda de respostas. E não se trata de rastrear apenas o perfume das rosas ou catalogar os aromas sedutores. O nariz filosófico, que todos temos e podemos aprimorar, também está atento aos fedores, aos indícios de decadência e deterioração.

O filósofo é aquele que mete o nariz em tudo. Daí a proliferação de "filosofias de..." – filosofia da ciência, filosofia da história, filosofia da cultura, filosofia da comunicação, filosofia da religião, filosofia da linguagem, filosofia da arte, filosofia do direito e... filosofia da educação.

A filosofia da educação (que comporta diferentes estilos de fazer filosofia e trabalha com diversas concepções de educação) tem sua terminologia específica e seus procedimentos, distinguindo-se das chamadas ciências da educação – a sociologia da educação, a psicologia da educação, bem como da própria (e por incrível que pareça às vezes esquecida) pedagogia, que é legítimo considerar como a principal ciência da educação, base da formação e da atuação profissional do professor.

Contudo, as diferenças não autorizam a indiferença mútua. As diferenças entre esses diversos modos de abordar, pensar e entender o fenômeno educativo não deveriam levar ninguém a desprezar as considerações que um outro faça a partir de seus pressupostos e utilizando diferentes instrumentos de análise. Ao contrário! É extremamente salutar que todos conversem entre si, flexibilizem as fronteiras, que todos aprendam uns com os outros, sejam filósofos da educação ou pedagogos, psicólogos da educação ou sociólogos da educação, e que nesse diálogo todos percebam e valorizem especificidades e coincidências.

As reflexões oferecidas pela filosofia contribuem para que as ciências da educação trabalhem fundamentadas em conceitos rigorosos e orientadores. E o filósofo, por sua vez, encontrará descrições, informações e inspirações preciosas nas demais ciências. Graças à pedagogia, obterá dados e considerações utilíssimas sobre a educação como prática profissional. Graças à sociologia da educação, descobrirá como o ambiente social condiciona as práticas educativas. Graças à psicologia da educação, conhecerá estudos importantes sobre o comportamento humano em situação educativa. Sem falar de outras fontes: a história da educação, a economia da educação, a teologia da educação, a teoria do direito educacional, etc.

A educação não é "objeto" exclusivo de nenhum especialista. O que a filosofia da educação pleiteia como algo próprio, como característica definidora, é uma atitude de renovada perplexidade e de radical questionamento perante o processo educativo. Essa atitude provoca a busca sistemática do *sentido* da educação.

Filósofos como educadores e professores

Nada impede que essa atitude "farejadora" do filósofo esteja presente no espírito do pedagogo, do sociólogo da educação, do psicólogo da educação, do historiador da educação. É até desejável. Mas cabe ao filósofo da educação cultivá-la conscientemente como condição *sine qua non* para realizar o seu ofício. O filósofo da educação deve ser *implacável.* Implacavelmente radical (sem perder os modos, sem perder o modo racional de ser, que o ajude a modular corretamente idéias e palavras), questionando com persistência e a fundo o que é educar, por que educar, para que educar.

Na verdade, investigando de modo implacável a própria filosofia, verificamos no seu cerne uma constante relação com a educação, na medida em que ela educa o nosso pensamento, educa-nos para os valores humanizantes, para a convivência, educa-nos para saborear a vida e para morrer com dignidade. Seria até o caso de perguntar-nos se, afinal de contas, não é redundante ou ocioso falar em "filosofia da educação". Talvez seja ocioso, sim, pensando na definição de filosofia como "teoria geral da educação", expressa há quase cem anos por John Dewey (1859-1952) em *Democracy and education* (1916).[5]

---

[5] "*The most penetrating definition of philosophy which can be given is, then, that it is the theory of education in its most general phases*" (DEWEY, 2005, p. 386).

A atividade filosófica, esforço radical de compreensão da realidade humana, não se esgota nessa compreensão. O filósofo procura compreender a existência e, simultaneamente, esboça e empreende uma pedagogia existencial. O filósofo fala e escreve pensando em como desencadear (abrir os nossos cadeados...), mediante seus livros e artigos, mediante suas aulas e palestras, um processo de epifanias, de aprendizagem. Franco Cambi atesta que a obra *Fenomenologia do espírito* de Hegel (1770-1831) "é um itinerário pedagógico, governado pelo alvo da liberação operada como autoconsciência filosófica" (CAMBI, 1999, p. 409).

O filósofo pensa em termos educacionais e até mesmo didáticos, pois espera encontrar ressonância: ouvidos e mentes que o entendam. Não lhe basta ter idéias e tecer tratados. Suas idéias são acompanhadas por uma argumentação que as justifique e as divulgue. Além de converter a sua curiosidade em virtude, o filósofo pretende persuadir a inteligência daqueles que o ouçam e leiam.

Esse caráter didático ou professoral da filosofia (tirando da palavra "professoral" o que possa soar arrogante) é confirmado pela vida de filósofos educadores, ou filósofos que exerciam o magistério. Bastaria citar três gigantes: Sócrates, Immanuel Kant (1724-1804) e Martin Heidegger (1889-1976).

Pensar, dialogar, argumentar e ensinar eram, para Sócrates, sua forma de viver e estar em sociedade. Sua principal tarefa como cidadão ateniense consistia em ministrar aulas a quem o quisesse, gratuitamente, como se estivesse jogando conversa fora. Mas essa conversa não era fiada. Era afiada, abria a inteligência dos discípulos, descortinava-lhes (abria cortinas) horizontes. E sua grande obra-prima, digamos assim, foi um de seus jovens seguidores, Platão, que se tornou outro genial filósofo e professor.

Kant lecionou anos a fio, com dedicação exemplar, e suas aulas eram tão interessantes e ricas (jamais se restringia à filosofia pura) que um de seus alunos, Johann Gottfried Herder (1744-1803), aproveitou as exposições do professor para redigir uma composição poética, e a enviou ao mestre. Profundamente agradecido, Kant leu aquele poema em voz alta diante da classe, homenageando o professor que Herder viria a ser também. Kant escreveu um pequeno tratado, *Sobre a pedagogia*, cuja leitura ajuda a entender que concepções didáticas dirigiam o filósofo em sua tarefa como professor.

Heidegger, discípulo brilhante do brilhante filósofo e professor Edmund Husserl (1859-1938), era conhecido por suas aulas magistrais. Delas dão testemunho pensadores do calibre de Max Horkheimer (1895-1973), Herbert Marcuse (1898-1979), Hans-Georg Gadamer (1900-2002), Joachim Ritter (1903-1974), Hans Jonas (1903-1993) e Hannah Arendt (1906-1975). São eles unânimes em afirmar que eram aulas fascinantes. Saíam entusiasmados depois de acompanhar as originais interpretações que fazia dos textos de Heráclito, Platão, Aristóteles, Paulo de Tarso, Santo Agostinho, Lutero, Kant, Nietzsche... A melhor aula é aquela que provoca o aluno a pensar por conta própria (aliás, a rigor, pensar por conta própria é um pleonasmo), e, no caso, a tirar suas próprias conclusões na leitura de Heráclito, Platão, Aristóteles, etc. Fiel à idéia de que ensinar é deixar aprender,[6] Heidegger estimulava a curiosidade intelectual de quem o ouvia.

Certamente não foram esses três os únicos grandes filósofos envolvidos com a arte de educar e ensinar. Pensando em outros nomes do século XX, lembremos as aulas de Ludwig Wittgenstein (1889-1951), exemplo vivo de reflexão contínua, de busca exigente, de argumentação minuciosa. E foi a uma de suas melhores alunas, Gertrude Elizabeth Anscombe (1919-2001), que Wittgenstein disse aquelas famosas palavras (mas não foram as últimas), pouco antes de morrer, súmula filomática e filosófica: "Elizabeth, eu sempre amei a verdade!".

Lembremos a filósofa francesa Simone Weil (1909-1943). Em suas aulas somavam-se rigor intelectual e alusões metafóricas, o senso do dever e a intensidade poética. Para esta pensadora, idealista e profética, a educação era instrumento fundamental para a libertação humana.

---

[6] "[...] ensinar não significa senão deixar os outros aprender, quer dizer, um conduzir mútuo até à aprendizagem" (HEIDEGGER, 1992, p. 79).

Lembremos o pensador espanhol Julián Marías (1914-2005), um dos herdeiros intelectuais de José Ortega y Gasset (1883-1955). Era um professor magnífico, porque se sentia feliz diante de pessoas com quem pudesse conversar sobre temas apaixonantes.[7] A norte-americana Beejee Smith Juhnke, que freqüentou suas aulas na década de 1960, escreveu:

> Julián Marías nos ensinou filosofia [...]. Como se tratava de coisas que eu nunca tinha estudado antes, temia não entender nada. E lembro a surpresa de achar tudo interessante e compreensível, certamente ajudada pelo entusiasmo e clareza com que *don* Julián ensinava. Ele empregava termos simples e diretos (procuro uma palavra equivalente a *straightforward*), seu entusiasmo era contagiante [...]. (Julnke, 2006, p. 117)

O entusiasmo docente desses filósofos nasce de uma convicção profunda. A de que a filosofia não é assunto estranho à mente humana, e que ela mesma é ensinante, educadora e humanizadora.

No entanto, se é verdade que na obra de todo filósofo podemos encontrar um empenho educativo para convencer-nos de que determinada visão de ser humano deve ser concretizada para o bem de cada indivíduo e da própria humanidade, é patente também que existe uma especificidade epistemológica da chamada filosofia da educação.

A filosofia da educação é filosófica...

Essa especificidade supõe, sem dúvida, concentrar-se nos processos educacionais. O que não basta, pois também as ciências da educação o fazem, cada uma ao seu modo. É preciso, portanto, que a filosofia da educação atue filosoficamente, se me permitem o pleonasmo. Não se trata, porém, de um pleonasmo

[7] Julián Marías tinha consciência de sua vocação para o ensino. A palavra "vocação" não o assustava. Não a concebia de modo religioso: "*mi vocación de enseñar ha sido siempre vivísima y me he sentido feliz delante de una clase*" (MARÍAS, 1988, p. 362).

qualquer, a ser perdoado e esquecido. Devemos permiti-lo e enfatizá-lo: a filosofia da educação é, antes de tudo, por incrível que pareça... filosofia.

O filósofo da educação observa os processos educativos, com a finalidade de compreendê-los, e de "recompreendê-los". Filosofar implica esse constante retorno aos temas em análise. Filosofar é observar e reobservar, pensar e repensar, com base em pressupostos e premissas (a serem sempre explicitados, por uma questão de honestidade intelectual) e com uma atitude de assombro que deve ser atualizada constantemente.

No livro I, capítulo 5, da obra *Sobre a fisiologia e morfologia dos animais*, Aristóteles (384-322 a.C.) manifesta este renovado estado de admiração perante o mais humilde dos animais, perante a realidade como um todo – "tudo é maravilhoso (*thaumáton*) na Natureza". *Thaumáton* é o extraordinário no ordinário, é aquilo que surpreende aos que estão abertos para se surpreenderem; é, enfim, segundo o mesmo Aristóteles na sua *Metafísica*, o início do verdadeiro trabalho filosófico.

Thaumázein, por sua vez, é o verbo grego comumente traduzido por "admirar-se". No diálogo *Teeteto*, Platão associa este admirar-se a um *páthos*, um estado interior que nos arrebata e humaniza: "Só assim, pensa Platão, o filósofo é eminentemente humano; pois o homem é feito de modo a viver no *thaumázein*, isto é, a filosofia; nisto se distingue dos animais e dos deuses" (Jolif, 1970, p. 21). O ser humano, ao estranhar-se com o que vê, começa a refletir.

O filósofo da educação olha uma vez e outra para a realidade educacional e admira-se, por exemplo, com o fato de uma criança ter aprendido a ler e escrever, ou com o fato de não ter aprendido! Admira-se com o fato de uma pessoa se dispor a ensinar uma outra a desenhar! Ou a agir moralmente bem! Ou a jogar xadrez! Admira-se com o fato de que haja manipulação em lugar de educação! Adestramento em lugar de esclarecimento! Admira-se, enfim, com tudo o que se refira a essa antiga prática de transmitir ensinamentos, aperfeiçoar habilidades, gerar comportamentos e influenciar condutas.

A par dessa observação direta, o filósofo da educação, sempre em estado de admiração (e o ponto de exclamação, também chamado "ponto de admiração", exprime esse estado de espírito), sempre em busca da clareza, testa os enunciados dos educadores e pedagogos. O filósofo não se satisfaz com respostas prontas (menos ainda com respostas confusas), investiga os enunciados, põe em xeque os lugares-comuns, questiona o pedagogês, por exemplo, linguagem morta que cabe à filosofia "ressuscitar". A filosofia da educação, a bem da verdade, é este pensar vivo sobre a educação, em que não há espaço para concessões à superficialidade, ao acostumamento e ao comodismo. E por isso, ao ponto de exclamação, vem juntar-se o ponto de interrogação!

No verbo grego *thaumázein* encontra-se a raiz *théa* – vista, visão, espetáculo –, e daí provém a palavra "teoria". E, para teorizar, o filósofo da educação dispõe-se a aprender com os educadores. E o intuito é realmente esse – repensar a fundo a educação, tal como o filósofo da história recorre aos historiadores para refletir radicalmente sobre a história, tal como o filósofo da ciência recorre aos cientistas para criticar os métodos e práticas científicas, tal como o filósofo da linguagem recorre aos lingüistas e escritores para compreender o *homo loquens*, etc.

Espera-se do filósofo da educação que observe os processos educativos com espírito de admiração, e ouça os educadores com assíduo espírito de investigação. Mas ainda há uma terceira tarefa: atentar, com espírito de compreensão, para os contextos axiológicos, políticos, sociais e tecnológicos nos quais aqueles processos ocorrem, e nos quais também os educadores formulam seus enunciados.

O filósofo da educação olha para essa "parte" da realidade com a ambição do teórico, daquele que privilegia radicalmente a observação pensante, que cuida da expressão rigorosa, sem perder de vista a complexidade do todo em que aquela "parte" se insere e da qual só pode ser "extraída" mediante o esforço da abstração e da reflexão.

Mais ainda. A filosofia possui índole utópica, o que, em contato com o caráter intrigante, desafiador e inesgotável da tarefa educativa, produz situação paradoxal. A filosofia (o mesmo não se poderá dizer de alguns pensadores) não tem a pretensão de solucionar de modo imediato os problemas empíricos que tanto nos afligem. É capaz de desnudar a realidade com precisão, mas nem sempre tem à mão, com a rapidez por nós desejada, as roupas que poderiam vesti-la novamente, aqui e agora. Talvez por isso muitas pessoas desconfiem da filosofia. Agradecem a agudeza de sua visão, a adequação de seus termos, parabenizam o filósofo pela profundidade de análise, porém se confessam desiludidas com a falta de fórmulas salvadoras. O filósofo, ao pensar o existente, denuncia os problemas sem apresentar soluções mágicas e, mais ainda, problematiza o que já parecia solucionado.

Como Sócrates declarou, o filósofo não é aquele que tudo sabe. É aquele que entendeu uma verdade paradoxal: "suponho e sei que nada sei" (*Apologia de Sócrates*, 21d). O filósofo tem uma forma peculiar de encarar e avaliar os fatos educativos. Sua atitude de admiração, sua capacidade crítica e seu poder de relacionar as partes e o todo não dissolvem a sua ignorância fundamental, condição para que volte a pensar e a repensar a inesgotável e sempre espantosa realidade.

O filósofo sabe que o saber nunca é saber plenamente *possuído*. O seu saber é sempre esperança de saber melhor, anseio de descobrir e redescobrir. Não existem proprietários do conhecimento, latifundiários do saber, mas apenas peregrinos, amantes carentes de uma sabedoria que sempre nos escapa. Daí que encontremos, não raro, nos mais compenetrados pensadores, uma ponta (ou mais do que uma ponta) de ironia e humor. Rir de si mesmo é reconhecer a precariedade humana – um passo muito sério em direção à sabedoria.

Por ser autêntica filosofia, a filosofia da educação é interrogação crítica que oferece respostas desconcertantes, ampliando nossa consciência mais do que a anestesiando com receitas apaziguadoras. O filósofo da educação não saberá exatamente como alfabetizar uma criança nem produzirá manuais sobre o uso de determinados aparatos tecnológicos na sala de aula. Em contrapartida, tem fôlego para repetir perguntas "inúteis" como "o que é educar?", "por que educar?", "para que educar?", à procura de respostas certamente parciais, suscetíveis de evolução, mas capazes de dar àquelas mesmas perguntas (fundamentais perguntas!) relevância e pertinência cada vez maiores, e autorizando-nos a repeti-las com novo interesse: "mas o que é mesmo educar?", "mas por que educar?", "mas para que educar?".

Essa capacidade renovada de perguntar não é inútil. Projeta luzes sobre a realidade, ajuda-nos a ser menos simplistas, a discernir melhor sem perder de vista o risco desse discernimento, provoca-nos a tomar decisões, incita-nos a reinventar o mundo. Dando voltas sobre o mesmo "objeto" (a educação, no caso), a filosofia convida-nos a admirá-lo, a observá-lo por todos os ângulos (ou por quase todos...), convida-nos a pensar com clarividência e responsabilidade. Cada volta nos aproxima um pouco mais da realidade a conhecer. Teremos saído da caverna, teremos deixado de ser prisioneiros dos hábitos mentais rotineiros e escravizadores.

Inspirando-se em imagem usada por seu mestre Ortega, Julián Marías explicava que a filosofia adota o "método de Jericó". No relato bíblico, Josué tomou a cidade de Jericó dando voltas e mais voltas ao seu redor. Pois assim o filósofo atua, realizando círculos concêntricos em torno do tema que lhe interessa, paciente e implacavelmente.

Este exercício de contínua aproximação parece demorado demais. Somos pessoas ocupadas, apressadas, temos necessidade de diagnósticos rápidos e respostas instantâneas, mas é nesse exercício de paciência e humildade (sem abandonar o sentido da urgência) que se apóia boa parte da beleza e da eficácia do filosofar. A posse do saber completo é uma utopia. A presunção de já possuir esse saber, uma ilusão destruidora.

Embora saiba tão pouco, o ser humano tende ao saber total, deseja ser *sophós*, sábio. A questão é decidir-se pelo melhor caminho, e este não é tão curto como sonhávamos... O caminho (a ser criado e recriado pelos caminhantes) é o estudo, a leitura crítica e criativa, o diálogo marcado de idas e vindas, a interpretação, o ócio reflexivo – a filosofia. Para sermos sábios precisamos nos despojar dos imediatismos e das pressas, ser cuidadosos e pacientes amantes da sabedoria.

Apliquemos também o "método de Jericó" a este livro introdutório à filosofia da educação. Perguntemos, de mil e uma formas, uma e outra vez, o que é, afinal, a filosofia da educação, e em que consiste a sua importância, sejamos nós professores ou alunos, pais ou gestores escolares, pesquisadores ou simples curiosos... A cada volta, retomando questões que têm empolgado pensadores de todas as épocas, também nós nos sentiremos chamados a assumir uma visão mais lúcida e responsável, a assumir um compromisso mais firme com a educação.

CAPÍTULO II

Para que servem as teorias educacionais?

Mas o que é mesmo uma teoria?

Ensinava Aristóteles – quem quiser negar a filosofia terá de fazer filosofia para negá-la.

Somos todos sábios em potencial, estamos ainda em trânsito, sempre no meio do caminho – amamos a sabedoria e não a possuímos. A própria filosofia é difícil definir, mas compreendemos o que sua ausência pode acarretar: a perda de sentido, esse estar *déboussolées*, "desbussolados", desorientados (sem oriente), desnorteados (sem norte).

De repente, o nosso pensamento voa um pouco acima das preocupações imediatas, e ingressamos no mundo dos "porquês" e dos "para quês" mais importantes da vida humana. Ingressamos no mundo da teoria, do conhecimento especulativo. Não obstante a nossa precariedade existencial, ou justamente por causa dessa precariedade, descobrimos o desejo insaciável de entender e de esquadrinhar quem somos, de onde viemos, para onde vamos. Desejo não plenamente saciado, pois, como lembrava Popper (2001, p. 88) ironicamente, apoiando-se no pensamento dos antigos filósofos gregos, nós, humanos, somos meros mortais falíveis: "só os deuses podem saber, nós mortais apenas podemos opinar e adivinhar".[8]

[8] Vale a pena lembrar que, tal como Ludwig Wittgenstein, Popper lecionou para crianças dos primeiros anos escolares.

É sinal de grave descrença em nossa inteligência, mesmo que esta seja infinitamente menos potente do que a de Zeus, Palas Atena e Apolo, temer a teoria que a própria inteligência pode gestar. Grave erro caluniar a teoria, dizer que não passa de perda de tempo, acúmulo de palavras arbitrariamente conjugadas. Descrença equivocada e contraditória. A própria idéia de que a teoria é perda de tempo é uma idéia relativa a uma teoria mais ou menos consciente de si mesma. As teorias que negam a teoria negam-se o direito de negar a teoria...

É verdade que muitos filósofos – e não só os "profissionais", mas todas as pessoas que procuram pensar em profundidade – experimentam dificuldades para se adaptar a ambientes regidos pela ânsia da eficácia, pela "qualidade total", pelo ativismo acerbo e pelo pragmatismo exagerado. Há as exceções, como sempre. O fato, porém, é que pensar filosoficamente exige certo distanciamento das necessidades práticas. É salutar sobrevoar o tabuleiro da vida, a fim de obter uma visão de jogo mais ampla. Não se trata de desprezar aquelas necessidades, tantas delas imperiosas, de sobrevivência, de subsistência. A aposta é a seguinte: subindo a montanha da teoria, andaremos com mais lucidez nos vales da prática cotidiana. Vendo o panorama lá do alto (mas não tão alto como o monte Olimpo...), saberemos depois distinguir os melhores caminhos e atalhos. Ou ainda: à medida que escalamos a montanha da teoria deparamos com as questões práticas, e tão logo descemos ao chão da prática... sentimos a importância de uma boa teoria.

Portanto, sejamos práticos... façamos uma teoria! Conscientes de que sempre haverá *teorias*, no plural. Aliás, para cada teórico, uma teoria. E cada teoria recebe um pouco (ou bastante) da experiência pessoal e intransferível, do estilo de viver ("estilo é limitação", define a poeta Adélia Prado) do seu criador. Concretamente, com relação à educação, múltiplas teorias, opostas, divergentes, conflitantes, mas também teorias convergentes, combináveis, apenas contrastantes.

O que se espera de uma teoria? Que, sejam quais forem os seus parâmetros e matizes, liberte-nos da ingenuidade. Não da inocência, essa capacidade de aprender como se fosse sempre pela primeira vez, de aprender *hic et nunc*, aqui e agora. A ingenuidade, sim, é perigosa. Deixa-nos vulneráveis a todo tipo de manipulações e vertigens. O ingênuo não acredita que pensamentos "pensem" nele, por exemplo, ou "pensem" por ele. Não vê que suas reações podem ser causadas pela influência de "palavras-talismã", para usar a expressão do pensador espanhol Alfonso López Quintás (1928-) (López Quintás, 1987).

A palavra-talismã "liberdade" pode conduzir-nos às piores escravidões. A palavra-talismã "cidadania" pode atrair-nos a uma armadilha ideológica. As palavras-talismã são termos "consagrados" que acabam se tornando palavras blindadas, que ninguém ousa contestar. Paralisam o nosso intelecto, numa espécie de hipnose. Encontramos palavras-talismã dominando processos em todas as partes, até entre educadores, que deveriam ser os primeiros a reagir, a pensar livremente.

Se uma autoridade na área da educação publicasse textos sobre a necessidade imediata de um "ensino ético e democrático", e com tais documentos procurasse implantar determinados procedimentos numa instituição ou em esferas mais amplas, sem maiores discussões, estaria a salvo de críticas e poderia fazer o que bem entendesse. Quem, em sã consciência, teria coragem de contestar alguém tão empenhado na defesa de um ensino "democrático" e "ético" – duas palavras intocáveis, automaticamente aceitas numa leitura irrefletida?

Uma teoria nos capacita a refletir, a repensar o que é ética, o que é democracia, o que é liberdade, o que é prática e o que é a própria teoria. Uma boa teoria põe em xeque outras teorias (ou pseudoteorias), ocultas sob determinadas práticas ou até subjacentes a determinados discursos antiteóricos.

A teoria sem complexos possui caráter "subversivo". Com efeito, a reflexão filosófica abala, critica, subverte o que está supostamente assegurado, mesmo que depois acabe por confirmar o que havia de essencial nas sentenças, proposições e sistemas de idéias questionados.

Teorias, para serem legitimamente assim consideradas, precisam ter feitio especulativo, fundativo, explicativo e evolutivo. Não precisam ser expostas em tratados sistemáticos, mas algum princípio de coerência devem ter, claro. Frases desconexas não compõem teorias. No máximo, contêm uma teoria ainda não explicitada ou passível de se desenvolver.

Especulativa, fundativa, explicativa...

A palavra "especulação", no uso cotidiano e jornalístico, é associada à idéia de boato ou conjectura maldosa ("meras especulações"...). Outro significado, nada elogioso, pertence à área econômica – especulação, tipo de operação financeira em que alguém, vendendo produtos superfaturados, obtém lucros acima do razoável em períodos de oscilações do mercado, catástrofes naturais, guerra, etc.

A teoria é especulativa, mas não nos dois sentidos acima. Raramente, hoje, "especulação" é empregada na acepção de estudo investigativo. Especulação filosófica, portanto, é pensar a realidade de uma certa altura, para ver de modo abrangente, assimilando muitos dados e procurando criar conexões entre eles: *speculare*, em latim, significava "seguir com os olhos". Nada a ver, em tese, com boatos ou oportunismos.

Outras duas palavras latinas relacionadas ajudam a esclarecer o conceito. *Specula*, local elevado, do qual era possível observar as redondezas. E *speculator*, o espião, o vigilante, o observador, ou ainda o batedor, aquele que vai à frente de um exército ou de um grupo qualquer para bater o caminho, explorando-o, conhecendo suas características e perigos. Essas palavras, aliás, são parentes do verbo *spectare*, "olhar repetidas vezes", "contemplar", "ter os olhos fixos" em alguém ou em algo, noção que está presente no adjetivo "perspicaz" (aquele que vê bem) e remete igualmente ao nosso "espreitar", tão próprio, afinal, da atitude de quem teoriza, como indica o poema "Tales", do filósofo e professor carioca Jorge Lúcio de Campos: "Aqui dentro / espreito o ser // 'Tudo é água' / aquém de mim // Dentro de mim / tudo me olha // Tudo se molha / além de mim".[9]

Espreitar a educação, especular sobre a educação, pensar de maneira perspicaz a educação é, por exemplo, perguntar-se a respeito da nossa capacidade de fazer alguém apreender uma informação, compreendê-la, e mudar seu comportamento a partir dessa compreensão.

Vejamos um desconcertante aforismo do Dr. William Osler (1849-1919), pai da medicina ocidental moderna: "Um dos primeiros deveres do médico é ensinar às massas não tomarem remédio" (Bean, 1961, p. 105).

Dr. Osler clinicava e lecionava. Preocupava-se com a "educação continuada" do médico num tempo em que esse conceito não estava em voga como hoje. Defendia a necessidade de os estudantes dedicarem tempo, não só para o aprofundamento em sua especialidade, mas também na aquisição de cultura espiritual, emancipando-se intelectualmente e aprendendo a refletir com autoconfiança. Em seu famoso discurso *A way of life*, de 1913, citando Aristóteles, Goethe (1749-1832), Carlyle (1795-1881), Descartes (1596-1650), Voltaire (1694-1778), e a Bíblia, recomenda aos jovens que não passem um só dia sem folhearem algo da melhor literatura mundial, e que cada um seja o seu próprio *daysman*, o seu próprio árbitro,[10] em busca do aprimoramento pessoal. Cultivava, de fato, uma postura filosófica e humanista perante a vida e a medicina.

Aquele aforismo revela essa postura. E pressupõe a adesão, mais ou menos consciente, a uma determinada teoria educacional. O médico atua como professor das massas, encorajando-as a repensar o próprio papel do médico. O paciente vem em busca de medicamentos. Um dos deveres do médico é ensinar-lhe que tomar remédios não é o mais importante. Este ensinamento frustra o

---

[9] As estações da razão (segunda versão). Disponível em: <http://www.tanto.com.br/Jorgeluciodecampos.htm>. Acesso em: 19 ago. 2007.

[10] "*Be your own daysman!*" (OSLER, 1937, p. 22).

paciente, subverte sua maneira habitual de avaliar a medicina. No entanto, se um dos primeiros deveres do médico, ou o primeiro dever, é curar o doente, curá-lo significa também esclarecê-lo sobre a verdadeira função dos remédios.

O aforismo pressupõe que as massas são educáveis. Que é possível realizar um trabalho de esclarecimento com todo tipo de pessoas. E que mesmo um ensinamento à primeira vista contraditório como este, o médico recomendando *não tomar remédios* (que motivou contra Osler, por parte de seus críticos, a injusta acusação de niilista), é ensinamento assimilável.

Como especulador filosófico, colocando em prática o *spectare,* o olhar fixo, alerta e meticuloso sobre a situação dos seus pacientes, Osler captou a verdade paradoxal de que boa parte das doenças pode ser evitada ou "administrada" sem o recurso exagerado aos remédios, causadores de efeitos colaterais desagradáveis, e nem falemos da sempre perigosa automedicação.

Percebe-se subjacente a essa confiança, em que a massa aprenda e compreenda tal ensinamento, o influxo daquela generosa máxima de Jan Amos Comenius (1592-1670), segundo a qual existe uma arte universal "de ensinar tudo a todos" (Comenius, 2002, p. 11). Tal afirmação, utópica, sem dúvida, alimentava-se de sua teoria filosófica, fortemente influenciada por uma visão teológica de mundo (vinculada à tradição hussita-taborita). Para o pedagogo tcheco, tudo o que nos rodeia é demonstração do amor e da sabedoria do Criador, e o que somos, nossa natureza, guarda afinidade ontológica com esse Criador. Se fomos criados à imagem e semelhança de Deus, a finalidade da vida humana última reside em desenvolver a dimensão divina da existência, sem que as demais dimensões sejam esquecidas, mas subordinadas àquela, primordial.

A proposta educativa de Comenius nasce, portanto, de uma convicção religiosa, diria até mesmo dogmática, sem que isso implique irracionalidade ou superstição. Trata-se de um pressuposto que faculta ao homem de fé prever conseqüências e, o que merece ser salientado, lutar por resultados favoráveis às massas no plano da prática pedagógica. Era o nascimento da escola pós-medieval, da escola moderna, sensível à popularização e disseminação organizada do conhecimento, marcada pelo sinete de uma religiosidade cristã que se desligava dos parâmetros da Igreja Católica.

Ora, tendo sido o homem criado por Deus, que é a própria Sabedoria, teremos todos, nobres ou plebeus, ricos ou pobres, irmanados, afinal de contas, pela condição de criaturas, "aptidão para entender as coisas, para a harmonia dos costumes e para o amor a Deus acima de todas as coisas" (Comenius, 2002, p. 58). A crença religiosa de Comenius, acompanhada de coerente militância, longe de afetar sua atividade de pensador e empreendedor da educação, constituía-se fonte de certezas racionalmente defensáveis e de propostas que vinham ao encontro das necessidades da época.

O projeto de Comenius[11] exemplifica o feitio fundativo de uma teoria educacional, na medida em que nela existiam e eram honestamente explicitados alguns alicerces, premissas básicas "inegociáveis", sobre as quais ele pretendia edificar suas asserções, argumentos e ilações. Essas premissas estavam em diálogo com pensadores, autores e ativistas que o anteciparam, como, entre outros, Martinho Lutero (1483-1546), para quem a escola deveria acolher todos os jovens, de ambos os sexos, empregando-se menos violência física e adotando-se melhores e mais atraentes métodos de ensino.

Uma teoria é também explicativa. "Explicar" é trabalhar para atingir a simplicidade, o *simplex*, ou seja, aquilo que não está mais entrançado ou dobrado, que deixou de ser tortuoso (*plexus*). "É muito simples complicar, o complicado mesmo é simplificar", dizia acertadamente uma professora em sua palestra.

A teoria desdobra, desembaraça, desenreda. Textos abstrusos utilizam a linguagem para *não* comunicar, *não* explicitar, *não* esclarecer, destruindo a própria possibilidade de teorizar. Talvez o

[11] Como boa introdução ao conhecimento da obra desse pedagogo, recomendo *Comenius & a Educação*, de Mariano Narodowski (Autêntica, 2001).

hermético filósofo alegue, falsamente compungido, que o tema em si mesmo é de tal modo obscuro e intrincado que a única alternativa será expressar-se de modo igualmente intrincado e obscuro.

No entanto, vale a pena recordar, como se se tratasse de um jorro de água limpa, aquela conhecida frase de Ortega: "a clareza é a cortesia do filósofo" (Ortega y Gasset, 1971, p. 14). É sinal de cinismo e tola vaidade exibir musculatura terminológica e esmerar-se em construir frases rebuscadas, aparentando genialidade ou inigualável originalidade...

Sendo sempre fiel ao rigor metodológico na busca de suas verdades, é dever do filósofo (gesto de boa educação), ao enunciá-las, ser claro, ser simples, explicar o que tem em mente com palavras acessíveis, do modo mais direto possível, ainda que, não raro, precise também, por uma questão de honestidade para com a própria filosofia, abordar temas menos sugestivos e de assimilação não muito fácil.

Jean-Jacques Rousseau (1712-1778) tinha o dom da clareza, dom que ele conquistou voluntariamente... Talvez não possamos considerá-lo filósofo no sentido "profissional" do termo, como fazia ver um escritor espanhol (nada simpático às idéias do próprio Rousseau, diga-se de passagem), ao afirmar que o autor franco-suíço desconhecia filosofia e história, "mas era um profeta, era um homem predestinado".[12] E boa parte desse *élan* profético residia no estilo direto e vivo com que plasmava seu ideário.

No início de suas *Confissões*, Rousseau faz um comentário significativo sobre a educação da época. Aos 10 anos de idade, ele que era órfão de mãe, teve também de se afastar do pai. Sob a tutela de um tio, foi encaminhado ao pastor Lambercier para com este aprender latim e, com o latim, "*tout le menu fatras dont on l'accompagne sous le nom d'éducation*" (Rousseau, 1968, p. 32), ou seja, aprender um amontoado de coisas e idéias confusas, desconexas e supérfluas a título de "educação".

[12] Palavras de Donoso Cortés, em (DE OCHOA, 1840, p. 493).

A escola que ele conheceu é uma instituição prejudicial, desumanizadora. Ensina-se ali tudo, exceto a viver e ser feliz. Como reação a esta educação deseducativa, Rousseau, autodidata incorrigível, leitor voraz, observador atento, espírito inquieto, propõe uma arte de educar que liberte o homem para a vida. Arte de dificílima execução, pelo seu caráter utópico, pelo seu idealismo radical, e também porque a visão de mundo rousseauniana terá suas falhas.

Uma pergunta de fundo, no entanto, vale a pena fazer, e foi uma boa provocação deixada por Rousseau: Como pode o educador deseducado, que não sabe viver e não é feliz, educar para a vida e para a felicidade? *Nemo dat quod non habet*... Ninguém dá aquilo que não tem. Já não contamos aqui com as garantias de uma orientação pedagógica divina, *à la* Comenius.

Ciente da dificuldade extrema da tarefa, Rousseau opta pelo esforço teórico. Mais do que pôr mãos à obra, fundar um colégio e realizar na prática o que lhe parece correto fazer, o pensador especula, teoriza, escreve. Confiante em seu *beau style*, confia também em sua capacidade de propor uma educação adequada à natureza. Muitos o criticam justamente pela presunção de reformar a educação apenas com palavras (sem o aval da prática bem-sucedida), mas sua teoria não deixou de inspirar, além de outros teóricos, empreendedores educacionais, para o bem e para o mal.

Rousseau teoriza com o auxílio da imaginação, criando um personagem, um menino rico, órfão de pai e mãe, a quem dará o nome de Emílio, e a quem educará até os 25 anos. Quando chegar à maturidade, o seu aluno se casará com Sofia, alusão mais do que explícita à sabedoria. O livro *Emílio ou da educação* (1762), ao longo desses quase 250 anos, impressionou pensadores e educadores da estatura de Kant, Johann Heinrich Pestalozzi (1746-1827), Johann Friedrich Herbart (1776-1841), Friedrich Fröbel (1782-1852), Jean-Ovide Decroly (1871-1932) e Maria Montessori (1870-1952). Goethe, outro dos seus grandes leitores, não por acaso dizia que, com Voltaire, uma etapa da civilização ocidental terminara e outra, com Rousseau, tivera início. E a coincidência é que Voltaire e Rousseau faleceram no mesmo ano – 1778!

Revenons à la règle primitive! Voltemos à regra primitiva. É esse o propósito fundamental de Rousseau. A máxima incontestável (tão incontestável como, para a ortodoxia cristã, o dogma que se lhe opõe, o do pecado original), o pressuposto subjacente ao pensamento de Rousseau é o de que não há perversidade original no coração humano. Portanto, a criança precisa inicialmente fazer apenas o que lhe pede a natureza, e assim nada fará que não seja bom. Cabe ao educador entender que a criança é uma criança, não um adulto, e que até os 12 anos não saberá avaliar corretamente raciocínios, admoestações ou argumentos.

O melhor modo de educar, por conseguinte, é trazer de volta, na medida do possível, aquilo que perdemos (se é que um dia o possuímos...). Um único exemplo: que Emílio passe os dias descalço, no verão ou no inverno, para que a sola dos seus pés se assemelhe à pele de boi. Chegará a hora de se acostumar aos sapatos, sem que sejam para ele algo mais importante do que os próprios pés. Mais tarde, em seu inevitável contato com a sociedade, Emílio estará imune ao que nela há de postiço, vicioso e desumano. Será sempre, afinal, um amável estrangeiro aos olhos dos demais.

Sendo os escritos rousseaunianos de fácil compreensão, com uma linguagem viva e exemplos concretos (ainda que em parte imaginários), todas as pessoas estão convidadas a polemizar com eles. Pensando no que o autor afirma com tamanha limpidez, sentimo-nos motivados a buscar outros (e talvez melhores) caminhos, como neste trecho de uma carta do poeta alemão Friedrich Hölderlin (1770-1843) ao amigo Johann Gottfried Ebel (1764-1830), em que aquele faz algumas considerações críticas sobre a teoria de Rousseau:

> Rousseau tem razão: a primeira e mais importante educação consiste em converter o menino em aluno, induzindo-o a sair do estado de natureza, do estado de inocente mas limitado instinto, para conduzi-lo à vida da cultura. É preciso que se despertem nele os desejos superiores do ser humano para que então, e só então, possamos dotá-lo dos meios que lhe permitirão satisfazer este desejo superior. Uma vez desperto tal desejo,

> posso e devo exigir que ele o conserve sempre vivo e que tenda sempre a satisfazê-lo. O erro de Rousseau está em esperar tranqüilamente que o ser humano desperte no menino, contentando-se com uma educação quase inteiramente negativa, preocupada em eliminar as más impressões sem pensar nas boas. Rousseau apontou claramente como é injusto expulsar o menino do seu paraíso, de seu feliz estado de animalidade: não com a espada flamejante, mas com o açoite. Contudo, se bem o compreendo, cai no extremo oposto. O método de Rousseau seria mais correto se o menino estivesse rodeado de uma realidade diferente da do mundo atual. Sou eu quem deve criar um mundo melhor ao seu redor, sem imposições, sem nenhuma pretensão, como se estivesse escrito na natureza: devo apresentar-lhe os objetos rodeados de grandeza e beleza, para suscitar nele um anelo superior, uma aspiração a algo melhor [...]. (Hölderlin, 1990, p. 55-56)

E evolutiva...

Chegamos assim ao quarto aspecto da teoria que combinamos analisar – o aspecto evolutivo.

Se por "evolução" entendermos um processo pelo qual novos estágios são alcançados, mais complexos e diferenciados, e, em virtude dessa complexidade e diferenciação, não há como regressar aos estágios precedentes como se nada tivesse acontecido, então poderemos dizer que há uma certa evolução na filosofia e, portanto, nas teorias educacionais.

Neste caso, haveria pelo menos dois tipos de evolução. Uma evolução dentro (*intra*) de determinada teoria, e uma evolução que se fizesse entre (*inter*) teorias, as anteriores inspirando outras, e estas ampliando boas intuições ou corrigindo possíveis falhas daquelas.

O tempo é o "espaço" em que a evolução se realiza. O tempo a favor da meditação, do aprofundamento, levando-se em conta mutações históricas, desafios novos, enfoques novos e novos contextos. Um exemplo clássico de evolução teórica *intra* deu-se com o chamado neotomismo. Autores como Jacques Maritain (1882-1973),

Étienne Gilson (1884-1978), Cornelio Fabro (1911-1995) e Josef Pieper (1904-1997), que no entanto reagiam negativamente ao rótulo de "neotomistas", retomaram a doutrina de Tomás de Aquino (1225-1274) e, passados sete séculos, procuraram, à luz dessa doutrina, repensar a metafísica, a política, a estética, a ética, a educação, etc.

A propósito do nosso tema, Maritain publicou, em 1959, *Pour une philosophie de l'éducation* (título que recebeu no Brasil tradução mais "comercial", *Rumos da educação*). Dentre várias passagens ilustrativas do esforço evolutivo, eu destacaria uma que, aliás, dialoga simpaticamente com Rousseau (embora com restrições), ao ver o aluno, o educando, como aquele cuja vitalidade interna é mais importante do que a arte do mestre, sem que esta deva ser desprezada:

> [...] o principal agente, o fator dinâmico primordial ou força propulsora primeira na educação é o princípio vital interior daquele que vai ser educado. O mestre ou o educador é apenas um fator dinâmico secundário – embora autenticamente eficaz – e um agente ministerial. (Maritain, 1966, p. 64)

O neotomismo (e nada impede que surjam novos "neotomismos" no futuro) exemplifica a fecundidade de um sistema teórico retomado por seus seguidores após a morte do mentor. Um possível novo neotomismo ou autores que desejem empregar os princípios tomasianos precisarão, por sua vez, voltar-se para o que disseram Maritain, Pieper e outros, para não perderem o fio da meada.

Uma teoria também pode expandir-se e atualizar-se enquanto o principal teórico está vivo, pesquisando, verificando ele mesmo, com o auxílio de outras pessoas, suas convicções e propostas. É o caso de Howard Gardner (1943-), que, inicialmente, pesquisava no campo do desenvolvimento cognitivo (com relação às artes) e da neuropsicologia (pensando em pacientes com lesões cerebrais), sem particular referência à prática educacional. Em suas pesquisas, porém, havia uma preocupação de fundo – "o que torna os seres humanos, humanos?" – nascida de suas conversas com Jerome Bruner (1915-). Extrapolando as considerações meramentes científicas, esta pergunta com ares filosóficos o levaria ao mundo da educação, na medida em que é à educação que se atribui a tarefa de nos humanizar.

O sétimo livro de Gardner, *Frames of mind: the theory of multiple intelligences*, de 1983, pouco interessou aos psicólogos, mas, para surpresa do autor, atraiu rapidamente os olhares dos professores, dentro e fora dos Estados Unidos. A teoria das inteligências múltiplas correspondia a uma realidade bem conhecida: os alunos aprendem de formas diferentes. Precisamos, portanto, descobrir por que, e, como conseqüência, saber o que fazer.

As considerações de Gardner ajudavam a equacionar problemas concretos de aprendizagem e de avaliação em sala de aula. Extremamente cauteloso, porém, o "pai da criança" não queria comemorações antes da hora. Suas idéias, aplicáveis à didática, em diálogo com o pensamento de Jean Piaget (1896-1980) e de Lev Vygotsky (1896-1934), deveriam ser submetidas a exigentes testes e exaustivas discussões, como deixa bem claro na última nota do livro: "até mesmo boas idéias foram arruinadas por tentativas prematuras de implementação e ainda não estamos seguros da excelência da idéia das inteligências múltiplas" (Gardner, 2002, p. 299).

Gardner passou a explorar as implicações educacionais de sua teoria. Dez anos depois, em 1993, veio à luz *Inteligências múltiplas: a teoria na prática* (publicado em 1995 pela Artmed), em que, mais convicto, mais seguro, apresenta desdobramentos teóricos e práticos. Expressa inclusive seu desejo de que a idéia das inteligências múltiplas integre a formação docente, que se multipliquem projetos educacionais em que os alunos, cujos perfis intelectuais estarão agora melhor conhecidos, sejam compreendidos, avaliados e orientados mais direta e efetivamente. Não só isso. A pluralização da inteligência aparece como teoria plausível e aplicável para além do âmbito escolar, capaz de contribuir em outros contextos: no contexto da família, no das empresas e no da cultura de modo geral.

Nesta evolução intrateórica, Gardner avançou também na identificação de novas "inteligências". No *Estruturas*, listava sete inteligências básicas: a inteligência lingüística, a lógico-matemática, a espacial, a corporal-cinestésica, a musical, a interpessoal e a intrapessoal. Já em 1997, em artigos e entrevistas, mencionava uma oitava inteligência, a naturalista, referente à habilidade de reconhecer e lidar com a natureza. Charles Darwin (1809-1882) e Jacques Cousteau (1910-1997) são dois exemplos de pessoas com desenvolvida inteligência naturalista. No começo deste século, Gardner apresentou uma possível nona inteligência, a existencial, que "envolve capacidades humanas de formular e examinar as perguntas mais importantes: 'Quem somos nós? Por que estamos aqui? O que vai nos acontecer? Por que morremos? Qual é o sentido disso tudo, afinal de contas?'".[13] Podemos chamá-la também "inteligência filosófica", de grande interesse para aqueles que discutem formas de ensinar filosofia em diferentes momentos da trajetória curricular.

Antes de nos voltarmos para uma brevíssima análise da evolução interteórica, vale a pena ressaltar que tanto esta como aquela, a intrateórica, designam transformações em nome da contínua investigação, e não propriamente do "progresso linear", no sentido de evolução sempre favorável, em vista de uma meta prefixada a ser atingida graças ao esforço da "comunidade" filosófica.

Os passos que hoje damos, no interior de uma determinada linha de pensamento, ou em contraste/oposição a outras, são evolutivos na medida em que não reinventam a roda. Evoluir é estar ciente (mais ou menos ciente) do que já se pensou e se escreveu.

Do ponto de vista das teorias educacionais, é sumamente importante conhecer as contribuições passadas, tanto mais não seja para evitar repetir, como se fossem descobertas originais, e de maneira canhestra, verdades ainda hoje válidas. "Estou atrasadíssimo nos gregos", brincava Carlos Drummond de Andrade (1902-1987) num de seus poemas. Estamos atrasadíssimos na leitura daqueles que, antes de nós, e provavelmente bem melhor do que nós, enfrentaram questões que, em grande parte, continuam vigentes. Talvez, em alguns casos, para evoluir seriamente, precisemos

[13] GARDNER, 2005, p. 50-51. Alguns estudos ainda mais recentes, sem contar necessariamente com o aval de Gardner, mencionam a possibilidade da inteligência olfato-gustativa e da inteligência tátil.

"involuir", a fim de resgatar, ou ressuscitar, conceitos, intuições, argumentos proveitosos ontem e também no momento presente.

Estamos atrasadíssimos na leitura dos gregos, dos romanos, dos cristãos pré-medievais, dos medievais, dos iluministas, dos modernos, dos pós-modernos... (e dos nossos contemporâneos!) Como dizia Jorge Luis Borges (1899-1986), quando lemos um autor antigo nós vencemos o tempo, não cronológico, mas o que nos separa da sabedoria. Ao ler Platão, ganho dois milênios e tanto de compreensão da realidade! Ao conhecermos o que já se pensou sobre a educação humana, sempre com o cuidado da contextualização e adequado espírito crítico, amadurecemos em percepção e avaliação do que acontece ao nosso redor, aqui e agora.

Nada me impede fazer a descoberta pessoal de que o lúdico é importantíssimo para a aprendizagem. E essa descoberta ganha novo colorido, alcance, profundidade, quando faço a descoberta adicional de que muito antes de nós, há vinte séculos (e provavelmente antes disso), o lúdico foi devidamente valorizado no âmbito da educação numa passagem de Quintiliano (35-95) em seu *De institutione oratoria*, verdadeiro tratado didático-pedagógico, fruto de sua longa experiência como professor. O autor admitia e estimulava o *lusus in pueris* (I, 3, 10), o gosto pelo jogo entre as crianças, vendo-o como sinal de vivacidade (*signum alacritatis*), claro indício de prontidão para aprender.

Mas nem precisaríamos ir tão longe para descobrir que o *homo sapiens é homo ludens* – e é *sapiens* porque é *ludens*. Há (apenas...) três séculos, John Locke (1632-1704), ao discorrer sobre a conveniência de que o aprendizado da leitura se faça em clima de liberdade e não de imposição, escrevia:

> Sempre pensei que o estudo poderia converter-se num jogo (*play*), numa recreação para as crianças, e que haveria uma forma de inspirar-lhes o desejo de aprender se lhes apresentássemos a instrução como uma coisa digna de consideração, agradável, recreativa [...]. (LOCKE, 1986, p. 208)

O escritor inglês Gilbert Chesterton (1874-1936) costumava dizer que nos livros antigos ia buscar idéias novas. Não só por isso, porém, devemos nos dedicar à arqueologia dos textos, paradoxal empenho em conhecer o revolucionário no (ultra)passado, em reconhecer a validez de um patrimônio que nos foi legado, que já possuímos... e do qual ainda não nos apropriamos! Da pesquisa diligente e criativa também nascerão idéias novas, legitimamente novas, que, por sua vez, hão de conferir nova importância e até novos sentidos às idéias do passado.

Foi fundamental para o educador ucraniano Anton Makarenko (1888-1939) ter conhecido os conselhos e máximas de Rousseau, para constatar com clareza que eram de limitada aplicabilidade no contexto da Colônia Gorki, na União Soviética daquele começo de século XX. Nessa colônia de ressocialização em moldes comunistas, em contato com centenas de menores abandonados e jovens infratores, Makarenko não encontrou "Emílios" bons por natureza, muito menos um novo "Emílio", isolado do entorno, com quem pudesse estabelecer um vínculo ideal de mestre-discípulo, duradouro e sem atritos. O que faria, ou o que diria o romântico Rousseau diante de educandos agressivos, sem esperanças, órfãos de guerra, vários com traumáticas passagens pela polícia?

Em seu *Poema pedagógico*, Makarenko refere-se ironicamente aos teóricos que viviam no Olimpo, alimentados pr esse espírito rousseauniano, segundo o qual a virtude do autodesenvolvimento inerente à alma infantil se encarregaria quase por si só de produzir naqueles colonistas, naquelas crianças e jovens marginalizados, a personalidade comunista, o homem da nova sociedade e quiçá de um novo mundo. Os tais moradores do Olimpo (seriam eles como certos "ph.Deuses" de hoje...) acusavam-no de ser pouco "teórico", isto é, pouco preparado para a tarefa pedagógica. No entanto, Makarenko estudou a história das idéias educacionais, e tinha uma teoria, sim, forjada a partir da dura realidade e não da contemplação passiva de "vapores" que recheariam crianças imaginárias.

Os pequenos camaradas precisam ser respeitados como pessoas que são, mas necessitam igualmente receber exigências claras, concretas, que se enquadrem numa perspectiva de médio e longo prazo. A perspectiva, no caso de Makarenko, é a proposta dos valores de uma nova sociedade. O indivíduo estudará e trabalhará, não pelo almoço de hoje, mas em nome de um ideal que supere a sua individualidade, despertando o senso do dever. O indivíduo lutará ombro a ombro com outros pela construção e preservação do todo coletivo: "O homem não pode viver no mundo, se não tiver pela frente alguma coisa jubilosa. O verdadeiro estímulo da vida humana é a alegria de amanhã" (Makarenko, 2005, P. 369). Este amanhã se exprime no projeto da sociedade sem classes.

Na busca da realização desse projeto, a sociedade soviética tinha o direito de esperar cidadãos disciplinados, e era nessa linha que Makarenko ansiava colaborar, reunindo e conjugando o máximo de "influências construtivas":

> [...] a educação política ampla, a instrução geral, o livro, o jornal, o trabalho, a atuação social e inclusive algumas que parecem coisas secundárias, como os jogos, o divertimento, o descanso. É apenas mediante o conjunto de todas essas influências que se pode conseguir uma educação correta, da qual resultará um autêntico cidadão disciplinado na sociedade socialista. (Makarenko, 1981, p. 38)

A evolução interteórica abre muitíssimas possibilidades para se compreender o alcance e as limitações de diferentes concepções educativas. O salto que acabamos de observar a título ilustrativo, sem maiores aprofundamentos, da teoria rousseauniana à teoria makarenkiana, seria apenas um "fotograma" do filme que foi, continua e continuará sendo rodado. Deste ponto em diante, poderíamos analisar os desdobramentos, senão a partir da teoria geral de Makarenko, expressa no *Poema pedagógico* de modo narrativo, não-sistemático, e bastante dependente do contexto em que foi concebida, ao menos de algumas idéias suas, com validade para além da chamada "pedagogia soviética".

A idéia de autogestão escolar, com participação dos alunos em pé de igualdade com os professores, mas sob não menos intensa pressão da coletividade externa, dialoga com diversas teorias sobre a democratização da instituição escolar (tema polêmico, estreitamente unido à questão da violência e da indisciplina), como a que está presente, de modo também tão espontâneo e incipiente como em Makarenko, nos textos e experiências educacionais de Alexander S. Neill (1883-1973), para quem, numa realidade ocidental bem diversa da que se vivia na Colônia Gorki, a individualidade estará acima do coletivo, convicção que se deve atribuir à influência do conceito de "liberdade" que o educador inglês encontrou em Wilhelm Reich (1897-1957) e Homer Lane (1875-1925).[14]

[14] Neill compartilhava com Rousseau a crença na bondade natural das crianças e identificava-se com a preocupação de tratar Emílio como ser livre, embora em ambiente prescrito e controladíssimo pelo tutor. Como proposta concreta e resposta prática, em busca de uma situação "ideal" em que as crianças fossem estimuladas a viver em autêntica liberdade (mas sem licenciosidade, como no título de um de seus livros, *Freedom – not license*!), fundou em 1921 uma escola que, não obstante desde aquela época duramente criticada por muitos pedagogos, existe até hoje, a A.S. Neill's Summerhill School. Disponível em: <http://www.summerhillschool.co.uk/>. Acesso em: 9 set. 2007.

CAPÍTULO III

Educação: seus fins ou o seu fim

Na teoria, a prática é outra...

Se a teoria, na prática, é outra, como se costuma dizer – e uma boa discussão está em querer descobrir se a "culpa" da dissonância ou da deturpação pertence mais ao teórico ou àqueles que procuraram aplicar a teoria –, também parece correto afirmar que, na teoria, é outra a prática. Ou dizendo de modo mais direto: a atividade teórica, a prática teórica tem o seu próprio dinamismo.

Muitas experiências no campo educacional, graças à boa vontade, à afetividade, ao empenho e à criatividade de professores abnegados, dão-nos esperança de que educar, apesar dos pesares, é tarefa humanizadora factível. Infelizmente, essas experiências, isoladas, com freqüência terminam congelando-se no tempo quando aqueles que estavam à sua frente desistem, adoecem ou morrem. Belos projetos e seus frutos mais suculentos tornam-se poeira quando aqueles que os colocavam em prática, com carisma inegável, sensibilidade e senso do concreto, se vão.

Uma possível garantia de que tais empreendimentos sobrevivam sem a presença de seus idealizadores reside no esforço teórico. Na teoria, permanecem vivos e ativos os princípios e critérios que já alimentaram ou podem vir a alimentar iniciativas educacionais bem-sucedidas.

Teorizar é estabelecer uma distância com relação a mim mesmo e ao que me rodeia. Esteja eu em contato ou não com um empreendimento educacional vigoroso, válido e humanizador, esse distanciamento permite-me ver com clareza o que lhe confere esse vigor, essa validez e essa energia humanizadora. Teorizar é ver com perspicácia e com responsabilidade. Vendo com o devido distanciamento, vendo o invisível com clareza, posso comunicar com igual clareza a outras pessoas a "alma" que sustenta uma prática positiva, aumentando as chances de que essa prática seja retomada, revivida (com adaptações e aperfeiçoamentos) em outros momentos, em outros lugares e circunstâncias.

Hans-Georg Gadamer (2001, p. 86) defende que o comportamento teórico é um *datum* antropológico originário, uma força tipicamente humana com a qual temos de contar para nos entender como seres humanos. Este comportamento nos isenta da excessiva preocupação com resultados práticos, que também está na raiz de nossa condição humana enquanto tal. Somos teóricos e somos práticos, talhados para refletir e para agir. Desejável haver equilíbrio entre as duas forças. Para não sucumbirmos à fascinação do pensamento "puro", é importante olhar para o real e/ou no real pôr à prova nossas idéias. E para não sucumbirmos à inquietação, à obsessão de fazer, fazer, fazer, precisamos nos distanciar mediante a investigação, independentemente da necessidade aflitiva de atingir este ou aquele objetivo.

Pensar filosoficamente sobre a educação cria distância entre nós e a realidade educacional, e muitas vezes entre nós mesmos como docentes e as tarefas que realizamos todos os dias numa escola ou faculdade. E esse pensar filosoficamente, que parece negar o útil e o urgente, é o que nos ajuda a ter fôlego para entender o que precisamos dizer e fazer com o máximo de urgência, e com o máximo de eficácia.

Aparentemente despreocupados com os fins da educação, podemos então nos preocupar e nos ocupar realmente com esses fins – para que educar?

O pensador francês Olivier Reboul (1925-1992) julgava o movimento de maio de 68 uma reação exagerada, mas compreensível, daquela juventude a quem os pais e professores não souberam dar boas respostas a inquietantes questões éticas e políticas. Boas respostas não detêm o pensamento, mas provocam novas e melhores perguntas. As respostas estereotipadas que tinham, até uma certa altura, relativa consistência caducaram de vez, tornaram-se insatisfatórias. Respostas melhores não se improvisam da noite para o dia. Se agudas eram as perguntas, mais reflexão exigia-se dos educadores: "é por isso que a filosofia da educação é, hoje, tão útil" (Reboul, 1985, p. 3).

"Hoje", naquela época, quando escrevia Reboul, mas também agora, quatro décadas depois, a filosofia da educação é necessária para repensarmos conceitos educacionais, reinterpretarmos o mundo da escola, reavaliarmos as funções dos professores, em meio a uma crise de sentido agravada por certas abordagens cuja falta de confiança no poder revelador do pensamento leva à descrença em nossa própria capacidade de pensar com rigor.

A prática do pensamento rigoroso (que nada tem a ver com um pensamento rígido... pois então nem pensamento seria) consiste, inicialmente, em prestar atenção cuidadosa ao fenômeno educativo em sua totalidade e não apenas aos seus aspectos parciais, como fazem (e é o que lhes cabe fazer) as diferentes ciências da educação. Assim compreendida, a filosofia da educação é também uma antropologia, uma axiologia, uma etimologia e uma teleologia.

Como antropologia, a filosofia da educação procura desenhar uma concepção de ser humano que norteará a prática educativa, mas de um ser humano não-redutível aos limitados interesses de diversas instâncias de poder.

Pois corremos sempre o risco de que se pretenda construir um "homem ideal" ou uma "mulher ideal" como resultado de processos escolares que aquelas instâncias de algum modo definiram. A pessoa como "coisa" à medida do Estado, ou do Partido, ou da Empresa, ou da Religião, ou do Mercado.

Se é o Estado que tem o mando de jogo, o objetivo será "fabricar" um cidadão dócil aos intentos e projetos do Estado. Se é o Partido que atua como oráculo, o objetivo será "criar" um partidário exemplar. Se é a Empresa que dita as regras, o objetivo será "produzir" um funcionário competente e/ou competitivo a serviço da Empresa. Se é a Religião que se sobrepõe, o objetivo será "formatar" um fiel seguidor da Religião. Se é o Mercado que manda e desmanda, o objetivo será "modelar" um cliente que se sinta no Mercado como um peixe dentro d'água.

À luz da filosofia da educação, será possível analisar antropologicamente o papel de centros educativos que surgem como incubadoras de determinado "perfil de egresso", como este, colhido do projeto pedagógico de uma prestigiosa instituição de ensino superior:

> O nosso egresso deverá ser um profissional com capacidade de solução de problemas, intervenção no processo de trabalho, capacidade para trabalhar em equipe, auto-organizar-se e enfrentar situações de constantes mudanças, sem desviar-se da ética profissional e do compromisso com a sociedade.

As boas intenções no final do texto, expressas de modo negativo – não se desviar da ética profissional e do compromisso com a sociedade –, soam como concessão (não se desviar é muito menos do que *encaminhar-se* eticamente), preocupação menor, algo acessório, pois o caminho que realmente interessa trilhar aqui é o das "competências" e "habilidades" profissionais, destacando-se a capacidade de solucionar problemas de ordem prática, problemas de controle de custo, por exemplo.

Como axiologia, a filosofia da educação investiga os valores que envolvem o ensino e o aprendizado. Uma teoria sobre os valores não os vê destacados da realidade, como eflúvios subjetivos que variam conforme nossos humores. Os valores são dimensões da realidade que contribuem para a consecução de um projeto educacional humanizador (Mondin, 2005).

Valores como a liberdade, o conhecimento, a corporeidade, a beleza, o trabalho, a justiça, o respeito, a paz, a saúde, a religiosidade, a solidariedade são essenciais para a execução do projeto-homem/mulher. Educar é encaminhar (ou convencer?) alguém a valorizar certos valores (passe este novo pleonasmo). Não há educação neutra, imparcial. Somos seres axiotrópicos, estamos em busca do que é dignificante, do que é valioso (no grego, *áksios*), e quem nos educa também está orientado por valores. Próximos ao campo de irradiação dos valores, sentimo-nos atraídos a transformá-los em carne da nossa carne – incorporá-los, literalmente. O valor da liberdade me infunde o desejo de ser livre. O valor da solidariedade me entusiasma com a possibilidade de ser solidário.

Nem entidades abstratas nem "coisas" que possamos medir, pesar, transportar, etc., os valores são realidades invisíveis e intangíveis, cuja presença atuante é constatável e incontestável no momento em que entramos em contato vivo com elas. Educação para os valores, mais do que transmissão de um catecismo moral ou de uma cartilha ideológica, é a oportunidade de entrar em diálogo com o que é válido e nos valoriza.

Já como uma etimologia, a filosofia da educação observa as palavras, penetra em suas entranhas. As palavras não são apenas veículos de idéias. As palavras têm corpo e nesse corpo vemos significados e sentidos que fazem... sentido para o mundo do aprendizado. Há uma história impressa e expressa nas palavras, e essa história nos interessa vivamente por pertencer à nossa própria história de seres verbais, abertos à palavra ensinante – somos seres loqüentes, *homo loquens*.

Penetrar nas entranhas das palavras, analisar a linguagem, no caso a linguagem pedagógica, bem como as palavras usualmente empregadas quando o tema é educação, ou palavras que possam revelar aspectos importantes da educação. A filosofia como linguagem que pergunta o que a linguagem quer dizer.

"Defunto", por exemplo, é aquele que já cumpriu sua função nesta vida. Quando alguém (e particularmente no campo educacional) dá por concluídas todas as suas tarefas, desinteressa-se, desatualiza-se, dá também por terminada sua presença neste mundo, ou ao menos no mundo da educação. Um defunto cessou suas atividades, já não está atento ao importante...

"Importante" é aquilo que importamos de fora para dentro de nós, por considerarmos significativo e relevante. É importante para um educador dar importância à cultura, à leitura, à literatura, à pintura, à arquitetura, à agricultura... a tantas "turas", como dizia o escritor Julio Cortázar (1914-1984), entre as quais se incluem questões e valores como o amor e a beleza, ainda que sem a marca do sufixo "tura".[15]

O neologismo "exportante" seria aquilo que oferecemos a outros no grande "comércio" das idéias e dos valores. Se o importante é detectado sobretudo por aquele que recebe, o "exportante" dependerá de que aquele que nos oferece algo saiba apreciar corretamente o conteúdo de sua contribuição.

Quando "importadores" e "exportadores" se entendem, podemos falar num bom processo de "trocas" dentro do âmbito do ensino. O professor como exportador e importador de conhecimentos, verdades, pontos de vista. Mas também o aluno como importador e exportador de informações, intuições, opiniões, descobertas. Essas trocas, evidentemente, ocorrem mediante o canal da empatia, sendo impossível aplicar-lhes os mesmos instrumentos de pesagem ou contabilização das relações de compra e venda propriamente ditas.

Importa, por fim, entender a filosofia da educação como uma teleologia. A finalidade (*télos*) está presente em nossa mente quando mentamos a educação, ou é de se esperar que esteja. O fato de nos sentirmos livres da perigosa obsessão pelos resultados não deve nos fazer cair em uma não menos perigosa e irresponsável indiferença por eles.

A filosofia da educação como saber teleológico tem como pergunta-chave o provocativo "para que educar?". Uma pergunta que acabará por se desdobrar, porque nos cobra coerência entre as respostas e os esforços que aquelas demandam ulteriormente. A ação educativa contemplada em termos de finalidade remete a outras perguntas como "quais os meios adequados para atingir essa ou aquela finalidade?", e perguntar sobre os meios traz à

15 "A nossa verdade possível tem de ser invenção, ou seja, literatura, pintura, escultura, agricultura, piscicultura, todas as turas deste mundo. Os valores, turas, a santidade, uma tura, a sociedade, uma tura, o amor, pura tura, a beleza, tura das turas" (CORTAZÁR,1999, p. 443).

baila a questão dos recursos, da preparação das pessoas envolvidas, das verbas (e como são aplicadas), das prioridades de investimento, da gestão escolar honesta e inteligente, etc. Perguntar pela finalidade da educação mobiliza, incomoda, põe em xeque inércias, cutuca morosidades e conivências, questiona determinadas "contemplações".

Se não soubermos determinar, se não soubermos ao menos vislumbrar os fins da educação... será o fim, será a morte da educação. Este é o trocadilho que o norte-americano Neil Postman (1931-2003) usou em seu livro *The end of education.* A ambigüidade foi intencional. O "fim" da educação é finalidade orientadora, que atrai nossos melhores esforços, ou chegaremos ao ponto final; ou é intuito ou término, ou caminho ou beco sem saída: o título do livro "foi cuidadosamente escolhido com o propósito de ser uma profecia ambígua"(Postman, 2002, p. 188).

Em virtude dessa ambigüidade, somos convidados a encarar o problema com renovada responsabilidade. Estamos numa encruzilhada: ou conferimos à educação um desígnio ou decretamos o seu termo.

Mas, afinal, para que educar?

Tal como no livro de Postman, o tema central de Alfred Whitehead (1861-1947) no seu *The aims of education and other essays* é a definição de propósito(s) para a educação. Publicados em momentos diferentes, em contextos diferentes (o livro de Postman em meados da década de 1990, e o de Whitehead, fins da década de 1920), nota-se em ambos, porém, o sentido da urgência. De nada adiantará gastar energia humana e recursos materiais na educação, se não houver uma clareza com relação aos fins.

Postman sugeria, por exemplo, a adoção da educação tecnológica como um ramo das humanidades, que nos fizesse observar e compreender de maneira crítica, sem pânicos desnecessários ou fascínios tolos, o quanto a TV, o cinema e a informática atuam sobre nossos hábitos psíquicos e corporais, nossas relações sociais, nossos hábitos de consumo, nossas idéias políticas, nossa sensibilidade moral, nossa cosmovisão. Esta compreensão crítica é *finalidade* explícita. Não bastaria à escola ir na direção das circunstâncias, convertendo os alunos, no caso das novas tecnologias, em hábeis usuários do computador e de outros equipamentos que a ele se acoplarem ou dele se beneficiarem. Devem os alunos aprender algo que valha a pena, algo que os liberte da ditadura das circunstâncias (sem que, para isso, devam estar no contrafluxo, com medo do futuro). Devem eles tomar consciência de como o mundo foi e está sendo reinventado pelo computador, e de que por trás de um *personal computer* há uma filosofia, uma política, uma economia que transformam nossa maneira de lidar com conceitos fundamentais como "pessoa", "cidadão", "trabalho", "cultura". Devem eles saber que somente como protagonistas, debatedores e inventores poderão contribuir para corrigir o rumo dos acontecimentos, segundo uma visão humanizadora.

A escola, portanto, entre outras muitas tarefas, tem como objetivo peculiar o de desenvolver na criança e no jovem o gosto pela reflexão, o espírito crítico amadurecido, a atenção às causas do que ocorre ao nosso redor, tornando-os sensíveis à dimensão ética de cada realidade.

Se Postman encontrava-se no limiar de um novo século, diante de desafios como o da poluição informacional ou o do desaparecimento da infância,[16] Whitehead se via diante de uma civilização cujas esperanças e pretensões, gestadas no século XIX, foram seriamente questionadas pelos horrores da Primeira Guerra Mundial. Com efeito, tornou-se patente uma falha profunda no esquema educacional do Ocidente mergulhado naqueles horrores. A falha consistia e consiste em difundir *inert ideas*, idéias inertes que, recebidas passivamente, provocam apatias e rotinas imobilizadoras. A aridez intelectual impede a compreensão da realidade. Apoiar-se em idéias inertes é matar a sabedoria e, por conseguinte, regredir,

---

[16] Em *O desaparecimento da infância*, Postman (2002, p. 166) advoga que a escola é "a última defesa contra o desaparecimento da infância", se souber, por exemplo, resistir à pressão social de profissionalizar precocemente as crianças.

perder humanidade. Não sabendo protestar contra essas idéias mortas, corrompemo-nos. Resta-nos a barbárie.

Definindo a educação como "a aquisição da arte de utilizar os conhecimentos" (WHITEHEAD, 1969, p. 16), o filósofo inglês destacava o fato de que a mente humana não é mero "depósito" de conhecimentos – precisa saber "utilizar", sim, aquilo que aprende. A educação é útil na medida em que incentiva a livre atividade do espírito, a curiosidade intelectual, o amor pelas artes, o impulso criador na ciência e na tecnologia, mas tudo isso a favor de uma vida mais humana.

As idéias inertes provocam a cegueira espiritual, e esta redunda em frustração, mesmo que, ao menos num primeiro momento, verifiquem-se lucros financeiros espetaculares, avanços materiais, mesmo que tenhamos excelente armamento bélico...

A finalidade da educação é conjugar pensamento vivo e ação criativa, mutuamente fecundantes. O conhecimento estéril redunda em morte espiritual, morte cultural, morte civilizacional. Em sua concepção de educação viva, Whitehead (1969, p. 45) faz o elogio da sabedoria:

> A importância do conhecimento está em seu uso, em nosso domínio ativo sobre ele, quero dizer, reside na sabedoria. É convencional falar em mero conhecimento, separado da sabedoria, como capaz de incutir uma dignidade peculiar a seu possuidor. Não compartilho dessa reverência pelo conhecimento como tal. Tudo depende de quem possui o conhecimento e do uso que faz dele.

Poderíamos, talvez, insistir que o conhecimento traz grandeza ao caráter e possibilidades de progresso moral e material, independentemente de sua união à sabedoria, encontrando-se esta num nível muitíssimo superior, reservada a poucos eleitos, como se se tratasse de uma espécie de santidade, admirável, louvável, mas, em última análise, inalcançável para a maioria dos mortais. No entanto, aqueles versos de T. S. Eliot (1888-1965) – "Onde a sabedoria que perdemos no saber? / Onde o conhecimento que perdemos na informação?"[17] –, em *Coros de "A Rocha"* (1934), sugerem que Whitehead estava certo.

O conhecimento pode tornar-se auto-suficiente e bloquear o acesso à sabedoria. O "conhecimento do vôo", escreve Eliot no mesmo poema, não implica a sabedoria do repouso. O cientista será sábio quando souber a hora de deter o vôo. "A sabedoria é a maneira pela qual se conserva o conhecimento" (Whitehead, 1969, p. 43), no sentido de que sabe definir o que é relevante neste conhecimento, o que nos valoriza e o que nos liberta. O conhecimento conservado não ultrapassa o limite do bom senso. O conhecimento que não se veja como serviço à humanidade degenera em arma (armadilha) contra a própria humanidade.

Na Alemanha de Hitler, os pedagogos mais avançados orientavam as aulas para uma grande e equivocada finalidade: a guerra. Certa questão de Matemática, para citar um exemplo "singelo", pedia que se calculasse a quantidade de explosivos necessária para destruir viadutos com tais e tais dimensões... localizados em outros países, é lógico.

Dispensados os métodos nazistas e assemelhados, precisamos ter em vista finalidades (e princípios) que nos protejam do conhecimento irresponsável e arrogante.

Educação: princípios e começos

O conhecimento é alvo da educação, sem dúvida, mas o ingrediente da sabedoria salva o conhecimento do maior de todos os riscos: aquilo que os antigos gregos denominavam *hybris*, a auto-afirmação exagerada, o poder excessivo, o orgulho exacerbado. A título de exemplo, lembro algo que ouvi numa palestra ministrada pelo poeta e tradutor Haroldo de Campos (1929-2003). Dizia ele na ocasião que, durante a tarefa transcriadora de traduzir, pode surgir a tentação de transformar o texto original na tradução da tradução. O tradutor sente o desejo luciferino de considerar

---

[17] *"Where is the wisdom we have lost in knowledge? / Where is the knowledge we have lost in information?"* (ELIOT, 2002, p. 175).

seu trabalho mais original do que o próprio original. O tradutor, nem que seja por um momento, acredita ser mais autor do que o próprio autor. A *hybris* é perversa e fazem parte de sua composição fortes doses de perfeccionismo.

Umberto Eco (1932-) conta outro caso concreto, e pessoal, de *hybris* no contexto do ofício da tradução (ECO, 2007, p. 138-145). Ao assumir a tarefa de fazer uma nova versão para o italiano de *O conde de Monte-Cristo*, Eco concebeu a idéia de "melhorar" o original, eliminando redundâncias, simplificando trechos prolixos, evitando repetições. O objetivo seria diminuir em 350 páginas esse extensíssimo romance de Alexandre Dumas (1802-1870). Deu-se conta, porém, de que estaria realizando uma pseudotradução, ou, na melhor das hipóteses, uma adaptação. Tal "aperfeiçoamento" feriria a fidelidade ao texto, negaria qualquer sentimento de reverência pelo trabalho, que, este sim, tornou possível alguma tradução. Ao final, Eco nem caiu na tentação da traição, nem concluiu a nova versão.

A sabedoria dos antigos (e também de muitos novos sábios) lembra-nos que existe uma medida (*métron*) a ser respeitada. Platão/Sócrates, ao mesmo tempo em que se referiam à máxima "conhece-te a ti mesmo" como princípio da sabedoria, lembravam a seus discípulos outro conselho não menos importante: "nada em excesso". Mesmo o afã de conhecer-se de forma desmedida acarretará a autodestruição, pois é também violência contra nós e contra o divino, tentativa ultrajante de querer saber além da conta...

O professor e pensador francês André Comte-Sponville (1952-) dedica quatro páginas ao verbete "medida" no seu *Dicionário filosófico*. "Trata-se de uma arte difícil, que nunca acabamos de aprender e que é a própria medida" (COMTE-SPONVILLE, 2003, p. 378). Aprender a viver a virtude da medida exige viver aprendendo essa virtude. Por ser virtude, *virtus*, força interior, não é mensurável. Objetos nós podemos medir, distâncias podemos medir, mas não há como medir virtudes, tampouco a virtude da medida. A imensurável virtude da medida possibilita-nos, porém, medir e qualificar o invisível e o impalpável. Com o "metro" da medida virtuosa, aprendemos a conduzir-nos com mais liberdade e mais consciência, com humildade e firmeza, sem dar um passo maior do que a perna, sem ir com tanta sede ao pote. Como valor a ser experimentado, vivido e incorporado, na família e na escola, a medida regula o aprendizado. E vale ressaltar: não menos ultrajante é a desmedida em sentido negativo, quando se aprende de menos, quando nos contentamos em permanecer aquém.

Certamente, desejamos que nossos filhos e alunos adquiram muitos saberes, escolhendo atividade profissional em consonância com suas aptidões, desenvolvidas mediante o estudo e a prática. Desejamos que, nessa atividade, obtenham reconhecimento e prestígio por seu desempenho. De acordo com as regras do jogo social, isto supõe passar por testes, provas e exames. Nossa sociedade é credencialista, exigem-se certificados, diplomas e títulos. O médico terá credibilidade inicial se apresentar o seu diploma. O advogado submete-se à avaliação da Ordem dos Advogados do Brasil, e só será plenamente aceito se receber dessa instituição o credenciamento definitivo. Uma questão que retorna constantemente à pauta das polêmicas infindáveis é a da necessidade ou não do diploma de ensino superior como condição para o exercício do jornalismo.

Contudo, a medida, que nos torna pessoas com medida (comedidas...), ensina-nos a relativizar a quantidade de saberes e diplomas. Devemos desejar o número adequado de certificados, imprimir o ritmo adequado às nossas pesquisas, buscar a profundidade adequada, os adequados desdobramentos, tendo em vista a consecução das finalidades do processo educacional, idealmente sintonizadas com a felicidade possível (esse "impossível necessário" como dizia Julián Marías), tanto no nível individual como coletivo.

Abstraindo de outros papéis e funções, a escola e a universidade têm a missão básica de guardar, sistematizar e transmitir o conhecimento. Nesse sentido, são arquivos do saber (de preferência arquivos vivos!). Os professores, seus fiéis guardiães, consultam esses arquivos e nos ensinam a utilizá-los. A biblioteca (incluindo-se a hemeroteca, a videoteca, os computadores conectados à Web, etc.) dentro de uma instituição de ensino simboliza o conhecimento selecionado, acumulado, classificado, disponível. Mas o que faremos com todo o conhecimento a que possamos ter acesso?

Conta-se que Tancredo Neves (1910-1985), em certa circunstância, era assediado por um colaborador seu que lhe queria indicar para assessor um jovem poliglota que dominava com perfeição seis idiomas. Depois de muito insistir, tentando vencer as reticências de Tancredo, o colaborador ouviu do experiente político a seguinte ponderação: "Mas o que esse rapaz diz de tão profundo em seis idiomas?".

A pergunta pelo "profundo" é uma pergunta sobre o significativo, sobre o relevante, sobre o pertinente aqui e agora. De que adianta locupletar-se de diplomas e saberes se a pessoa perder de vista o contexto (no caso de Tancredo, pensaria ele no cenário político nacional daquela hora). O contexto e os contextos em que os saberes se inscrevem fazem apelo a finalidades imediatas que, idealmente, articulam-se a finalidades gerais. O saber a serviço da sobrevivência na hora presente, mas também (ou sobretudo!) da existência melhor a partir de agora.

As finalidades remetem aos princípios, deles se alimentam. A palavra "princípio" é uma das mais freqüentes da linguagem filosófica. O princípio entendido como fonte e fundamento de raciocínios e deduções, argumentos e certezas, atitudes e pareceres, tomadas de decisão e atitudes. Se afirmo apoiar-me no princípio de que a educação é direito essencial do ser humano, comprometo-me a encaminhar propostas que viabilizem esse princípio; comprometo-me a fazer críticas, em nome desse princípio, ao que me parece errôneo e equivocado em políticas educacionais públicas ou numa determinada prática pedagógica; comprometo-me a formular minhas opiniões com base nesse princípio.

Os princípios... em princípio, são inegociáveis. Ou não possibilitariam a base para a realização do salto. Para começos e recomeços, projetos e iniciativas, necessitamos de princípios que estejam fora de discussão, ou então, sim, teremos que repensar e rediscutir os princípios. Se pretendo avaliar o nível educacional do país partindo daquele princípio de que a educação é direito essencial do ser humano, não faz sentido, no decurso da avaliação, interrompê-la para verificar a legitimidade do princípio anteriormente escolhido. Mas se o princípio parecer vulnerável, se a dúvida nos convidar a novas reflexões, interrompa-se a avaliação (por uma questão de princípio!), procurem-se outros princípios a fim de constatar se é legítimo ou não pensar na educação como direito essencial do ser humano...

O termo "princípio", entendido como fundamento de um sistema de convicções, deriva de acepção mais simples, com a qual às vezes se confunde: "princípio" como sinônimo de começo de determinada ação na linha do tempo. A aceitação e simultânea "desconstrução" da ambigüidade podem ajudar-nos outra vez e, paradoxalmente, esclarecer. Líamos páginas atrás – a educação sem fins, sem finalidade, já chegou ao seu fim. Igualmente, sem princípios, não teremos como principiar processos educacionais confiáveis.

No princípio, é o princípio. Graças aos princípios, encetamos a reflexão empenhada, que há de desembocar na ação inteligente, que inteligente continuará a ser na medida em que se mantenha "plugada" a princípios, orientada por eles. Portanto, princípios e finalidades necessitam-se mutuamente. Ao definir, por exemplo, como princípio educativo a formação integral do educando, ou seja, o seu pleno desenvolvimento como pessoa, em todos os aspectos (corporal, cognitivo, afetivo, social, político, espiritual, etc.), estabeleço que essa formação deverá ser pensada, imaginada e, também no plano das finalidades, desejada, procurada.

Nada mais filosoficamente clássico: a finalidade (concretizar a formação integral da pessoa), no nível da ação, corresponderá ao princípio no nível da especulação (conceber como integral a formação da pessoa).

CAPÍTULO IV

Educação e linguagem

Seres verbais

"A função insubstituível da escola é educar para a fala e para a expressão precisas, que são *aquisições para sempre*, preciosas em todas as profissões e em todas as eventualidades da existência."[18] Mais ainda – a função da escola é aperfeiçoar-nos na intimidade criativa com a linguagem, que se inicia no momento mesmo em que nascemos e tende a desenvolver-se ao longo da existência.

Pois somos seres verbais, seres loqüentes, abertos ao diálogo ensinante, seres sintáticos, semânticos, metafóricos. A educação como aprimoramento do nosso trato com a linguagem. A educação como análise de sua natureza, de seu funcionamento, de seu papel na sociedade. Em virtude da linguagem, estamos simultaneamente presentes no mundo e este em nós.

A dimensão lingüística é determinante na formação integral do aluno... e na dos professores. A filosofia da educação observa essa dimensão, distinguindo duas de suas vertentes. A linguagem como "ambiente" e a linguagem como "objeto" de conhecimento.

No entanto, o aprendizado da linguagem como "objeto" só se realiza no "ambiente" da palavra em que estamos imersos. Nosso vocabulário emerge precariamente (mas sem descanso) do balbucio, dos sons que conseguimos emitir ao tentar nomear e

---

[18] Palavras do professor e escritor francês Marc Fumaroli sobre "A literatura: preparação para tornar-se pessoa" (*in* MORIN, 2001, p. 277).

entender a realidade com que lidamos. Uma das primeiras palavras que ensaiamos articular é "mamãe", palavra tão bilabial, que aprendemos (e saboreamos) no ato mesmo de mamar no mamilo da mamãe. E não por acaso, atentando para a raiz indo-européia *ma*, de que provêm "mamãe", "mama", "mamar", detecta-se a inversão *am* (comum nos processos evolutivos), da qual deriva "amor" (Cf. Bordelois, 2006), porquanto é nesse amoroso (e guloso) "beijo" do bebê em sua mãe que cresce a relação entre os dois.

A educação como educação lingüística engloba e supera a preocupação com a gramática normativa, que para muitos converte-se em verdadeiro drama – lembrando a "dramática" da língua portuguesa, como brinca muito a sério o professor Marcos Bagno (1961-) –, ou em autêntica tragédia.

Sem uma educação da e para a palavra, esta, que deve instaurar o diálogo (mesmo que às vezes instaure o "duélogo"), torna-se obstáculo a qualquer possibilidade de comunicação. A palavra, âmbito de aprendizado, torna-se pretexto para a incompreensão. Se perdemos a noção de que a palavra é caminho em que perguntas e respostas circulam em busca de descobertas significativas, tornamo-nos refratários ao conhecimento e à sabedoria.

A palavra vincula cada um de nós ao saber, o que a torna inseparável da reflexão filosófica e da prática pedagógica.

A aula socrática

Platão consagrou um de seus diálogos ao tema da linguagem: *Crátilo*. Nele, investigam-se as relações entre realidade, conceito e palavra. Um obscuro autor francês do século XIX, Henri-Louis-Charles Maret (1805-1884), escreveu num de seus livros que encontrara naquele diálogo "coisas sutilíssimas, engenhosíssimas e por vezes profundíssimas". O tríplice superlativo talvez se deva a um estilo exagerado, mas de fato há coisas sutis, engenhosas e profundas no diálogo entre os protagonistas Sócrates, Hermógenes e Crátilo.

Platão traz à baila duas hipóteses sobre a origem das palavras. Serão produto de convenção ou fazem parte da ordem natural das coisas? Seu intuito é didático: provocar o interesse e a reflexão, mais do que dissolver o dilema. Na primeira hipótese, defendida por Hermógenes, a atribuição dos nomes às coisas depende do arbitrário. Uma convenção aprova, o costume referenda.

A nossa palavra "cadeira", por exemplo, seria o nome mais adequado para a coisa cadeira porque os falantes concordam em usá-la. Acordo este muito longe de ser perdurável. Podemos, por exemplo, a qualquer momento, desbancar a palavra "cadeira" e entronizar a palavra "silha", que ainda consta dos nossos dicionários como termo que designava um antigo móvel usado para sentar, em consonância com o verbo latino *sedere*, e que tem na palavra espanhola "silla" sua prima mais próxima. Mas o uso da palavra "silla" não seria motivada por nenhuma consonância ontológica. Hermógenes acredita que o nome de uma coisa ou de uma pessoa é exato e conveniente, não por sua natureza mimética, mas pelo consenso, e ponto final.

Já Crátilo, admirador do pensamento de Heráclito, põe em xeque essa crença, alegando que o próprio nome de Hermógenes, "filho de Hermes", embora com a anuência de todos e do "portador", a este não convém, uma vez que Hermógenes vive em dificuldades financeiras e Hermes é o deus dispensador da riqueza.

Crátilo, de quem Platão era amigo antes de freqüentar o convívio de Sócrates, defende a idéia de uma relação natural entre as coisas e os nomes – quem conhece os nomes conhece as coisas. É a tese naturalista. O nome como imitação da coisa, como perfeita expressão da coisa.

A linguagem, natural na sua função, é, porém, convencional na sua realização, ou seja, depende da vontade dos falantes. Por outro lado, esta decisão voluntária também por vezes se encontra involuntariamente determinada... E aqui reside um dos tantos caminhos desencontrados da reflexão sobre a linguagem, que, no âmbito de uma sala de aula, estejamos na educação infantil, ou no ensino fundamental, ou na universidade, leva ao encontro (paradoxal) da nossa condição humana – *homo loquens*.

"O que dizem as palavras quando dizemos as palavras?" Esta pergunta é muito mais empolgante, do ponto de vista educacional, do que meras cobranças de classificações gramaticais (Possenti, 1997; Rocha, 2007). E descobrimos que as palavras não dizem toda a verdade – não dizem tudo, é verdade. Sempre falta à palavra outra palavra que a complemente e que a explique. Nathalie Sarraute (1900-1999) imagina as palavras produzindo inúmeras ondulações, e captá-las, ler as entrelinhas, e as entreletras, é divertido e doloroso (Sarraute, 1980, p. 13). Captá-las com outras palavras é o exercício de quem escreve. E de quem lê. E também de quem pensa, pois, ao atentar para a linguagem, atentamos para o ser humano em sua interioridade, em sua complexidade, em suas ambivalências e dilemas. "A linguagem humana" – conforme Noam Chomsky (1928-) – "pode ser usada para informar ou desorientar, para clarificar pensamentos de uma pessoa, ou para exibir sua habilidade, ou simplesmente por brincadeira" (Chomsky, 1971, p. 92).

Quem lida com palavras lida com elementos de consciência. Nas palavras tomamos ciência e consciência do que somos, do que pensamos, do que pensam os outros, do que os outros são, ou não são, do que são as coisas, ou do que as coisas "fingem" ser. No diálogo, na leitura, no escrever, no ouvir, ouvimos o que dizem as palavras, e as palavras nos ouvem. Se bem alfabetizados (alfabetizados para as entrelinhas, como dizia Guimarães Rosa), ouviremos também o que não dizem as palavras!

Voltemos ao *Crátilo*, modelo de aula socrática.

Perante as duas hipóteses sobre a origem da linguagem, o mestre adota uma estratégia argumentativa admirável. Problematiza as teses de Hermógenes e Crátilo, gerando uma situação *nonsense* com forte intenção pedagógica.

Com relação à tese de Hermógenes, se as palavras fossem exclusivamente produto da convenção arbitrária, cada indivíduo ou cada sociedade poderia dar início a qualquer alteração, qualquer mudança, a seu bel-prazer, ou ao sabor do acaso. As palavras são vistas, segundo essa ótica, como instrumentos descartáveis ou meios permutáveis para transportar idéias. O espírito "cratiliano", porém, revolta-se contra essa idéia.

Conversando com Hermógenes, Sócrates é "cratiliano" (cf. *Crátilo*, 390e), defende a existência de um nome apropriado para cada realidade, para cada objeto, para cada ser, independentemente das diferenças dos idiomas. O substantivo neutro *eidos* expressa os traços que fazem de cada realidade uma realidade única. Cada coisa tem sua própria configuração, suas propriedades, sua forma, que é também aquilo que fica quando a coisa desaparece. A idéia do nome – *onómatos eidos* – é reproduzida mediante os sons, que serão diferentes e diferentemente articulados em sistemas lingüísticos diferentes, mas sempre com fidelidade ao essencial. Os legisladores terão, idealmente, o cuidado de encontrar sons acertados em cada língua. A tarefa dos legisladores, por sua vez, será apreciada e julgada pela pessoa reflexiva e interrogadora: o *dialetikós*. Este tem em suas mãos o leme, dirigindo corretamente (e eventualmente corrigindo) o trabalho daquele que cria os nomes.

Mas em que consiste a exatidão dos nomes? Esta é a pergunta mais do que pertinente, e Hermógenes a faz. Sócrates, com sua conhecida maneira de conduzir o diálogo, no momento em que poderia pontificar, já que o interlocutor está agora disposto a ouvir a verdade, declara não saber, e que o melhor seria recorrer aos sofistas (pagando por este conhecimento um bom preço, evidentemente). Ou então recorrer aos poetas. E os poetas são aqueles que ouvem os deuses. E são os deuses que sabem chamar, de maneira firme, correta, cada coisa pelo seu nome natural (cf. *Crátilo*, 391e), se é que os deuses dão nomes às coisas... pois também (é o próprio Sócrates quem faz este alerta, cf. *Crátilo*, 425e) recorrer a esta noção poderia caracterizar um expediente pouco racional, a exemplo dos dramaturgos que faziam descer em cena um deus cuja missão era solucionar de modo arbitrário os impasses vividos pelos personagens: *deus ex machina*.

Os poetas sabem, suponhamos, as palavras que os deuses empregam, mas as palavras carecem de bons leitores, que possam extrair-lhes a verdade. A etimologia é instrumento com o qual se torna possível revelar o oculto. Encontramo-nos na pista certa em acreditar que assim é, ou estaremos nos iludindo? A partir desse ponto, simulando temer enganar-se (e até mesmo enganar Hermógenes), Sócrates parece cair num êxtase oracular, sem, no entanto, abandonar a ironia, o distanciamento. Afinal, não é pequeno o risco de tornar-se mais sábio do que seria razoável...

Brincando com as palavras, que é uma forma (provavelmente a melhor) de dialogar com elas, entendê-las por dentro, o poeta Sócrates, o inspirado dialético, o pensador entusiasmado, inspirado sofista, o "demoníaco" professor, o etimologista temerário, quer penetrar cada vez mais no labirinto, em busca da justeza dos nomes. E não são os deuses também brincalhões, amigos do jogo, alegres, e de vez em quando um tanto enredadores? (cf. *Crátilo*, 406c)

Exemplo de brincadeira verbal: "herói" é aquele que foi gerado pelo amor, por Eros. A semelhança entre as palavras ("Eros"/ "herói") autoriza Sócrates a realizar o salto. E ele o dá, com liberdade e graça, diante dos sorrisos admirados (desconcertados, embaraçados...) de Hermógenes e Crátilo. Deste, em particular, que vê Sócrates defender a tese naturalista com mais criatividade do que ele mesmo poderia fazer.

Sócrates aborda a controvérsia *physis-nómos* (natureza-costume) com aquela sua postura (marca registrada do pensador irônico) de que pouco ou nada sabe, recorrendo à ajuda inestimável dos interlocutores (dos alunos), em busca de algumas luzes.

Seu trabalho inicial, porém, consiste em buscar na estrutura fundamental das coisas um limite à arbitrariedade da convenção. Seu intento é encontrar o *modus operandi do onomastikós* (cf. *Crátilo*, 424a), ou seja, daquele que se encontra apto a dar nomes verdadeiros, tarefa adâmica por excelência (tarefa criativa), segundo o contexto judaico-cristão: Adão (cf. *Gênesis* 2, 19-20), o primeiro terroso (se houvesse habitantes em Marte chamar-se-iam "marcianos", e na Terra, portanto, somos os "terrosos"), criou nomes para os animais (os terrestres e as aves, os domésticos e os selvagens), nomes que julgava os mais convenientes. E "conveniente" é aquilo que coincide, concorda, condiz: convir, "vir com", vir juntamente.

Sócrates relativiza o convencionalismo, buscando razões/raízes etimológicas para todo e qualquer nome. Atua como ator de teatro a interpretar o papel de onomaturgo. Hermógenes chega a observar que, pronunciando certa palavra, Sócrates usa os lábios para dar à boca forma de flauta (cf. *Crátilo*, 418a), como quem a estivesse saboreando pela primeira vez, ou executando-a naquele instrumento musical imaginário.

Como saldo desse primeiro movimento do diálogo, planta-se na mente de Hermógenes a hipótese de que algum tipo de naturalismo pode ser endossado. O preço para que esta semente tenha sido lançada é um rebuscado exercício de linguagem que, como nos ensinou Heidegger, traz a marca da insuficiência – somos sempre ultrapassados pela própria linguagem que nos envolve (Heidegger, 2003, p. 138). Sócrates bebe o vinho embriagador das palavras, torna-se dionisíaco, corre veloz por entre as palavras. Ouvidos mais afinados poderão identificar uma ou outra risada entre as falas. Hermógenes ri e elogia o desempenho de Sócrates. O filósofo brinca, afirmando que seu amigo precisará inventar elogios mais calorosos, pois pretende continuar avançando no terreno da sabedoria, se é que realmente avançou até agora (cf. *Crátilo*, 410e)...

Obviamente, Sócrates não pensa a etimologia no sentido moderno (século XIX em diante). Os gregos daquela época pouco sabiam a respeito da origem de sua língua (e nós, por acaso, sabemos muito mais?). Em virtude desse reduzido conhecimento, especulam com uma liberdade que parece agredir os princípios básicos da investigação séria, de acordo com os nossos atuais padrões de reflexão sobre a linguagem e sobre o que sejam "investigações sérias". Mas a atitude de fazer livres suposições do grego não se circunscreveu à Antiguidade. Voltaire dizia que a palavra *chemise* (camisa em francês) proviera da expressão *sur la chair mise* – a camisa sobre a carne se põe.[19]

---

[19] Não sejamos ingênuos, porém. Voltaire, aqui, está zombando da etimologia, que ele considerava uma "ciência em que as vogais nada são e as consonantes pouco mais do que isso".

Para Sócrates, para Platão e também para Crátilo (e ainda temos muitos "sócrates", "platões" e "crátilos" entre nós), a principal função da etimologia é manifestar em alguma medida a verdadeira natureza do referente. Ora, se há uma manifestação é porque algo está/estava oculto. A natureza oculta das coisas, evidenciada, confere à etimologia o caráter de instrumento propiciador de epifanias.

E são estas epifanias que interessam à filosofia da educação. Sócrates, em meio ao aparente delírio etimológico, chega a admitir (sempre ironicamente) que suas reflexões são burlescas (cf. *Crátilo*, 426b). Mas o que fazer perante tema tão difícil?, reconhece o próprio filósofo.

Na parte final do diálogo, Sócrates volta-se para Crátilo, e dele quer se fazer discípulo, afirmando que tudo o que fez foi, ao lado de Hermógenes, procurar algumas luzes sobre a questão. Mas a idéia de Sócrates é demonstrar agora a Crátilo que o naturalismo também é relativo, que não se pode esperar um perfeito encaixe entre nome e essência do objeto nomeado – algum tipo de convenção deve ser aceita.

A correta aplicação dos nomes depende, segundo Sócrates, de que os legisladores acertem sempre, mas estes nem sempre alcançam a perfeição... Até porque não dispõem (não dispunham) de nomes que os ajudassem a conhecer aquilo que eles teriam de nomear pela primeira vez (cf. *Crátilo*, 438a-b). Há falhas compreensíveis (falhas humanas) nesse processo em que, antes de conhecer as realidades pelos seus nomes, é justamente com o objetivo de conhecê-las que os nomes devem ser criados. As expectativas de naturalistas como Crátilo são elevadas demais: os nomes não comportam toda a essência dos objetos nomeados, como intuiu Carlos Nejar num de seus poemas (poema XV de "A chuva do Velho Testamento"):

> Deus não é a palavra Deus
> e andorinha,
> a palavra andorinha.
>
> Há um poço

que não entra
na palavra poço. (Nejar, 1978, p. 56)

Os nomes podem ser apenas parcialmente adequados à essência das coisas, há diferentes graus de correção, e por isso precisamos contar com o elemento da convenção para garantir a comunicabilidade entre os falantes. Certa arbitrariedade é necessária, na medida em que a linguagem não é consubstancial à realidade que pretende exprimir. "A convenção é um expediente inevitável que completa a relação parcialmente natural com a coisa nomeada" (Piqué, 1996, p. 177).

Como quem não quer nada, subitamente Sócrates deixa cair o ensinamento: o único modo autêntico de dar nome às coisas não é o modo arbitrário, pela imposição ou pelo capricho. O modo adequado de nomear as coisas é o modo natural, deixando vir à luz o ser das coisas, deixando que este ser venha à tona (cf. *Crátilo*, 387d). Trata-se de um ato cognoscitivo, portanto. A pessoa ouve e acolhe o nome ontológico, o nome em si da coisa, sua intimidade. Este modo natural, no entanto, não nos é... natural. Não se dá sem que precisemos fazer esforços, esforços intelectuais e volitivos, que, paradoxalmente, são esforços para não dominar, não forçar, não impor.

Sócrates, em seu fazer etimológico, procura "cavar" as palavras (ao estilo de um arqueólogo, com cuidado para não machucá-las, sabendo por outro lado que são dúcteis, resistentes e flexíveis), em busca deste "dizer" que a coisa diz de si mesma – "dizer" sepultado vivo sob o nome fônico, que é simultaneamente via privilegiada para remontar às origens conceituais. E a este "dizer" precisamos também dizer alguma coisa, dizer quem somos nós, o que pensamos, o que queremos.

Discernimento lingüístico

Para que o trato e o estudo da linguagem sejam ocasião de crescimento em conhecimento e sabedoria, falta-nos a prática do discernimento. Discernir, nesse contexto, é o modo pelo qual "o espírito delimita, com o nome sonoro, o nome em si apreendido"

(Giannini, 1981, p. 44). Isto inclui revisar criticamente a forma como as palavras são empregadas, imprimindo-lhes renovada verdade. Inclui perceber em que medida determinado nome sonoro não se tornou mera "etiqueta" externa à coisa nomeada. Inclui recuperar o vínculo inteligível porventura existente entre palavra e realidade, como vimos páginas atrás com relação à palavra "defunto", numa acepção bem menos macabra e muito mais humana – defunto como alguém que já cumpriu nesta vida a sua "função", a sua "missão" existencial.

Discernimento não significa exclusão dos matizes, dos paradoxos, dos contrastes, das ambivalências e até das contradições. Ao contrário, discernir é aceitá-los, é vê-los com clareza. A educação para a linguagem deve saber precisar o que há de impreciso! Não precisamos, porém, temer o hibridismo das palavras, a ambigüidade – Roland Barthes (1915-1980) referia-se ao "direito à ambigüidade" –, o duplo, o triplo sentido, a possibilidade de várias interpretações. Tudo isso não fere necessariamente a verdade das coisas. Amplia nossa visão das coisas em sua complexa verdade. Eis a sabedoria: não se espantar (muito menos se desesperar) perante a fluidez das palavras, limitados instrumentos de acesso à realidade que desejamos descrever e transcrever... talvez reescrever.

Esta sabedoria é uma sabedoria poética. O poeta relativiza as arbitrariedades. Encontra inusitadas motivações e, "divertindo-se" com as palavras, repensa e redescobre sempre outros aspectos da mesma e polifônica realidade.

Ter discernimento lingüístico, alfabetizar-se para as entrelinhas, é lidar criativamente com o fato de que as palavras não são o reflexo absolutamente exato das coisas. As coisas ultrapassam as palavras. "Muita coisa importante falta nome", diz o professor Riobaldo.[20] Sempre há um espaço, um *gap*: é neste "entre" que entramos. E nesse "entre" criamos novas palavras, novas com-

[20] GUIMARÃES ROSA, 2001, p. 125. Recomendo, a propósito, o livro de Héctor Olea, *O professor Riobaldo: um novo místico da poetagem*, publicado pela Ateliê Editorial em 2006.

binações entre as mesmas palavras, novas soluções verbais para antigos problemas.

Retomando ainda uma vez o *Crátilo*. Sócrates, quase no final do diálogo, mostra como seria ridiculamente absurdo se as coisas sonoras (as palavras) fossem a reprodução exata das coisas elas mesmas: "tudo ficaria duplicado, sem que ninguém fosse capaz de dizer qual era a própria coisa, e qual o nome" (*Crátilo*, 432d). Na sempre imperfeita e humana falha entre palavra e coisa, devemos nós nos instalar dinamicamente. Desse "lugar nenhum", contemplamos as forças da convencionalidade e as razões da natureza. Atraídos por estas e pressionados por aquelas, transformamos o arbitrário em arbítrio. Em sintonia com o verbo grego *poiéin* ("fazer", "produzir"), produzimos palavras, sonoridades, imagens loqüentes, sentidos sugestivos, apreendemos a realidade.

Educar para o "uso" da linguagem é incentivar o "uso" poético. Deixando claro que o que o poeta disser poderá não ter a menor relevância aos ouvidos de quem se considera socialmente mais importante do que ninguém...

Manoel de Barros (1916-), em sua sabedoria, sabe, e nos ensina a saber:

> Poeta seria o mesmo que parvo. É um sujeito que, em vez de mexer com borboletas, pedras, caracóis, mexeria com as coisas úteis.[21]

Mexer com borboletas, pedras e caracóis. Três coisas "inúteis". Que simbolizam o espírito (a borboleta é o sopro de vida), o sagrado (a dureza das pedras remete ao poder inabalável dos deuses ou à fé dos homens no divino) e o feminino (a imagem do caracol associada à fecundidade permanente da natureza).[22] Mexer com tais realidades exige a vontade de conhecer o que dá sentido à vida (vontade inerente a todos nós), algo mais radical do

---

[21] Entrevista à revista *Caros Amigos*, n. 117, dez. 2006, p. 31.

[22] Cf., entre outros dicionários de símbolos, LURKER, 2003.

que buscar dados genéricos, informações passageiras ou mesmo instruções precisas. *Connaissance*, para o poeta Paul Claudel (1868-1955), era *co-naissance* – conhecer, co-nascer, nascer com aquilo que conhecemos. Ao conhecer, renascemos como conhecedores, como seres do *lógos*, a palavra geradora de excitação e entusiasmo. Manoel de Barros de novo:

> O que eu tenho é excitação pela palavra. Se uma palavra me excita, eu busco nos dicionários a existência ancestral dela. Nessa busca descubro motivos para o poema.[23]

A ancestralidade da palavra torna-se inspiradora e motivadora. Abre-nos para a pesquisa, para a contínua curiosidade. Para tarefas criadoras. Mediante uma educação para as palavras, e com as palavras, o aprendiz de poeta (e o poeta é sempre aprendiz de poeta) vê na linguagem caminhos, atalhos, veredas... de compreensão da realidade.

A aula agostiniana

O que de mais importante as aulas de Sócrates nos fazem compreender é que o diálogo tem a virtude de ensinar (cf. *Crátilo*, 435d).

Há, certamente, o diálogo interior, o pensamento, eu conversando comigo mesmo, ou ouvindo algo (vez por outra "algo me diz que..."), mas somente quando o *lógos* perpassa (*diá*) além de mim, circulando entre vários falantes/ouvintes/leitores, opera-se o ensinar propriamente dito. Aprender é vivenciar este encontro entre mim e o saber, mas tal encontro só se realiza de modo cabal quando o saber é "lugar" de encontro entre mim e o(s) outro(s). Levando em conta que esse(s) outro(s) pode(m) estar aqui e agora à minha frente, ou distante(s) de mim no espaço e/ou no tempo.

Um dos maiores pensadores (e professores) do Ocidente, Santo Agostinho (354-430) foi atento interlocutor nesta discussão. Como literato, filósofo e teólogo, Agostinho se interessava vivamente pelo significado do ensinar, e ao tema dedicou um

---

[23] Entrevista à revista *Caros Amigos*, n. 117, dez. 2006, p. 30-31.

livro que se tornou obra clássica da filosofia da educação – *De Magistro*, redigido no ano de 389 d.C.

O livro compõe-se ele mesmo de um diálogo entre Agostinho (mestre) e seu filho (aluno) Adeodato. Recém-convertido, Agostinho encontra-se em momento de grande entusiasmo, procurando realizar a síntese entre o conhecimento adquirido ao longo dos anos e o conteúdo da fé cristã que finalmente resolvera abraçar. Seu projeto (que corresponde, de resto, ao projeto de outros pensadores e educadores cristãos antes dele, os daquele tempo e os que viriam nos melhores momentos da Idade Média e do Renascimento) é harmonizar sabedoria pagã e sabedoria judaico-cristã: Agostinho cita em *De Magistro* seu estimado Cícero (106-43 a.C.), Terêncio (82-c.35 a.C.), Virgílio (70-19 a.C.) e Pérsio (34-62 a.C.) com a mesma sem-cerimônia com que traz citações bíblicas. No entanto, e sempre, é o Evangelho a referência maior, a autoridade "mais querida" (*carissima*).

O diálogo é um trocar palavras, um mútuo lançar palavras (*verba iaculari*), em que o verbo *iaculor*, retirado do jargão militar, indica literalmente mirar e arremessar dardos um contra o outro. Diálogo como luta, ou simulação de luta, um treino entre professor e aluno, como preparativo para futuros e mais terríveis combates em defesa da verdade.

Diálogo cheio de sutilezas, em que, com palavras, Agostinho pergunta (e se pergunta) em que medida as palavras nos ensinam algo. O próprio autor da pergunta tem consciência de que é intrincado analisar as palavras por meio de palavras, e emprega imagem sugestiva de dedos que se entrelaçam – somente o dono das duas mãos saberá distinguir quais os dedos estão coçando os dedos que querem ser coçados.

Quando ouço uma palavra, das duas uma: ou sei o que ela significa, ou não sei. Se sei, trata-se da lembrança de conhecimento anterior. Se não sei, trata-se de convite a aprender. A palavra "açúcar" é doce para quem já experimentou a doçura do açúcar, mas nenhum gosto tem para quem ainda precisa experimentá-lo. Aqui reside um dos poderes da palavra: incentivar o aprendizado.

E é o que Agostinho faz o tempo todo com seu interlocutor, Adeodato, e conosco. Também ele nos lança palavras, e nosso papel, como leitores que aprendem, é lançar outras palavras e dar continuidade ao diálogo.

Os sinais (*signa*) significam, esclarecendo que as palavras faladas são sinais, mas há sinais que não são palavras, como os gestos corporais e as próprias letras de um texto. Interessa a Agostinho frisar que os sinais remetem a realidades que não são sinais. Remetem a realidades "significáveis". Devendo nós aprender a distinguir realidades e sinais. Nesse sentido, eu não sou homem mas sou homem. Não sou "homem", não sou a palavra "homem", mas sou homem, isto é, aquilo que a palavra "homem" significa.

O diálogo, as palavras em movimento, provocam-nos movimentos por dentro, raciocínios, esforços da imaginação, exercícios da memória, criação de analogias e metáforas. A palavra "sinal" pode significar algo que não seja palavra. Um gesto corporal é um sinal. Mas a própria palavra "sinal" eu posso escrever, utilizando letras (s, i, n, a, l) que são sinais. O gesto corporal pode designar uma realidade, e me levar a murmurar uma palavra em referência a essa realidade, e mais adiante posso desenhar com letras a palavra escrita que será, no papel, sinal da palavra falada. Estou apenas esboçando um pouco do jogo que Agostinho nos propõe em sua aula-diálogo. Um jogo apenas? Questiúnculas infantis (*puerilibus quaestiunculis*)? Perda de tempo?

As intenções de Agostinho são mais ambiciosas do que pareceriam à primeira vista. Ele deseja, nada menos, que exercitemos a mente a fim de buscar a vida venturosa (*beata vita*), a felicidade (cf. *De Magistro*, 8, 21). A reflexão sobre a linguagem é um belo pretexto, ou o início do próprio texto.

Tecendo suas conjecturas, a certa altura do diálogo (cf. *De Magistro*, 8, 24), Adeodato e Agostinho chegam à definição de uma lei racional, segundo a qual, ao entrarmos em contato com os sinais, nosso pensamento se dirige para as coisas significadas. Por isso o conhecimento das realidades significadas merece mais atenção e apreço do que os sinais que apontam para essas realidades. E por isso também o ensino é mais valioso do que as palavras, embora usemos palavras para ensinar! (E, contudo, não só com palavras ensinamos...)

O conhecimento das coisas significadas é mais valioso do que os sinais, porém o conhecimento dos sinais possui também sua importância. Mais ainda, assumindo a ótica de Agostinho, bem melhor é conhecer a palavra "vício" do que conhecer o vício como alguém dominado pela gula, pela avareza, etc.

Podemos ensinar falando, ou escrevendo, ou empregando outro tipo de sinais que não sejam palavras faladas e escritas. Contudo, uma nova e inquietante pergunta é lançada: qual o real valor das palavras no ensinar?

Agostinho diz-nos (com palavras, é claro...) que só sabemos identificar uma palavra como palavra, mesmo depois de ouvi-la, quando sabemos o que essa palavra significa. Ou seja, a coisa conhecida facilita o conhecimento da palavra. Se ouço a palavra "sangue", e não sei o que significa, hei de procurar saber o que é sangue para que, só então, a palavra passe a ter algum sentido para mim. O som da palavra "sangue", se ignoro o que significa "sangue", é insuficiente para ensinar. Funciona como incentivo, talvez, como estímulo à curiosidade e à pesquisa, para que eu procure ver com meus próprios olhos este líquido vermelho, que circula nas minhas veias e artérias. Ou, abdicando da pesquisa, poderei eu, desconhecendo o que seja "sangue", acreditar nas palavras de quem define, com outras palavras, ou com outros sinais, o que significa "sangue".

As palavras são usadas no ensinar, é com palavras que se faz o trabalho da catequese cristã, é graças às palavras que as Escrituras existem, e podemos imaginar o apreço que um leitor e orador do quilate de Agostinho teria por elas. E o diz expressamente – "a utilidade das palavras [...] não é pequena" (*De Magistro,* 14, 46). Mas ele, ao mesmo tempo, admite que as palavras têm fragilidades, são deficientes para se realizar a tarefa docente de modo perfeito.

Uma dessas deficiências, geradora de inúmeros mal-entendidos, é a atribuição de determinado significado a uma palavra, sem prévio aviso. Dissesse alguém, exemplifica Agostinho (cf. *De Magistro*, 13, 43), que alguns animais superam em valor (*virtus*) o ser humano, seria necessário rejeitar de imediato a perigosa afirmação, mas talvez o interlocutor estivesse chamando de valor, de virtude, a força física de alguns animais. Nesse caso, seria aceitável dizer que um leão é mais "virtuoso" do que o ser humano, não porque este, com sua razão, sua liberdade, sua condição de pessoa, sua alma imortal, tem menos valor do que esse animal, mas simplesmente porque o leão, com seus músculos, garras e dentes, pode fazer coisas que um homem, contando apenas com seu corpo, e mesmo lutando com unhas e dentes... não consegue fazer.

Outra deficiência, aparentemente ridícula, da qual o próprio Agostinho tenta depois tirar importância, mas que, de fato, pode gerar disputas inúteis, está nas palavras mal ouvidas. Discussão estéril e desgastante alimentada por equívoco menor, quando, em novo exemplo (cf. *De Magistro*, 13, 44), a pessoa pensa ter ouvido o outro dizer *fides* (fé), e na verdade ele disse *pietas* (piedade). Certa vez, numa universidade em São Paulo, na década de 1970, alguns alunos juraram ter ouvido o professor (lembremos que nessa época era perigoso abordar temas políticos) apresentar como tema da aula "o consumismo na União Soviética", quando na verdade dissera ele "o comunismo e a União Soviética"...

O *lapsus linguae* – séculos antes da abordagem psicanalítica – representa para Agostinho outra dificuldade. Contra a vontade daquele mesmo que está falando, aflora subitamente o ato falho, a expressão infeliz... a comunicar algo que não tencionara falar. Numa aula de psicologia da educação (essa história é verídica), a professora explicava justamente em que consistia o *lapsus linguae*, e em dado momento disse que se tratava de um ato fálico...

A conclusão do diálogo constitui uma proposta pedagógica para o ensino entre cristãos (em sintonia e simpatia com o platonismo), e dos cristãos diante do mundo a evangelizar. Se o Mestre aconselhou que não se chamasse ninguém na terra de mestre, pois o único Mestre está nos céus (cf. Mt 23, 8-10), o disse porque é o próprio Cristo (Palavra, Verdade, Vida, Caminho), habitando no mais íntimo de suas criaturas, quem nos ensina as verdades espirituais.

Pois Agostinho refere-se a coisas "carnais" (ou "sensoriais"), e a coisas "espirituais", "inteligíveis". Sensoriar é conhecer as realidades externas à luz do dia. Inteleccionar consiste em conhecer coisas supra-sensíveis à luz da Verdade interior. Trata-se, no segundo caso, de conhecer por intermédio de uma visão íntima, iluminada pelo "mestre interior". Há um Mestre dentro de nós. É Ele quem nos ensina, ao fim e ao cabo (cf. *De Magistro*, 12), e é por esse caminho que alcançaremos a felicidade eterna.

Os mestres humanos podem, no máximo, e é bom que o façam, suscitar o estudo, aconselhar, sugerir reflexões, empregando todo tipo de sinais, em particular as palavras, apesar das deficiências que estas têm. Mas, afinal, é papel do aluno entrar em si mesmo e consultar o Mestre dos mestres.

Outras palavras, outras aulas

Seria precipitado e equivocado concluir que Santo Agostinho negava a utilidade, a beleza e o poder da palavra.[24] Mas certamente temia valorizá-la em demasia se, com essa valorização, corresse o risco de pôr em xeque a onipotência de Deus. Sua premissa: a linguagem humana (aliás, tudo o que é humano) depende radicalmente de Deus. Essa dependência, no entanto, em respeito à primazia do Criador, fez com que corresse outro

[24] Um estudioso de sua vida e obra escreve: "Ele [Agostinho] passou a vida inteira construindo um palácio de palavras no qual viveu, esse retórico anti-retórica que viu a Palavra divina refletida em cada palavra que os homens proferem ou escrevem (ou até mesmo formulam mentalmente), um homem que amava demais as palavras, deliciando-se quando saltitam capciosamente, se enroscando umas nas outras, carregando, às vezes, fardos pesados de significados, ou simplesmente borbulhando em ecos ou assonâncias, deliciando-se consigo mesmas, e ainda assim nos alcançando – todas essas palavras, profundas ou despretensiosas – com uma atualidade extraordinária [...]" (WILLS, 1999, p. 166-167).

tipo de risco: ofuscar a criatura, e esse ofuscamento muitas vezes se fez ao longo dos séculos posteriores!

Oito séculos depois, a exemplo de Agostinho, Tomás de Aquino refletirá sobre a natureza do ensino e sua relação com a linguagem. Sua preocupação de fundo, neste e em outros temas, era contrabalançar a mentalidade dominante de um cristianismo excessivamente espiritualista, que pouco espaço deixava para o humano, que exagerava o papel de Deus, coisa que o próprio Deus, como se pode deduzir ao observar a realidade, não aprovaria...

Tomás compõe também o seu *De Magistro*, precisamente com a intenção de dialogar com Agostinho. Alimentado pelo pensamento aristotélico, sem desprezar tampouco o legado platônico, defensor da razão e sempre fiel à ortodoxia cristã, andando corajosamente no fio da navalha, Tomás, já no primeiro artigo do que é tão-somente uma das *Quaestiones disputatae* sobre a verdade (Aquino, 2001), contrapõe-se àquela excessiva relativização do papel dos mestres humanos e, portanto, da linguagem ensinante.

Se Agostinho, apoiado no Evangelho, defendia ser apanágio de Cristo chamar-se mestre e ensinar, Tomás argumenta, também apoiado nas Escrituras (e no bom senso), que o fato de Deus ser Pai não exclui que os homens sejam pais, e que, da mesma forma, o fato de Cristo ser Mestre não impede a existência de mestres humanos, ou Paulo de Tarso não teria afirmado de si mesmo ser mestre dos gentios (*magister gentium*).

Se Agostinho explicava que, desconhecendo o significado de uma palavra, quem a ouve não poderá aprender nada por meio deste sinal, e, em decorrência, a atividade do professor é de certa forma inútil, Tomás recupera de modo mais claro o valor dos sinais, fazendo-nos pensar a relação entre mestre e aluno como oportunidade real de aprendizado.

Na aula tomasiana, o professor pode, sim, ensinar, na medida em que proponha ao aluno, por meio de sinais, em particular pelas palavras, a realização de descobertas racionais. Para que o aprendiz aprenda não é preciso que Deus o tenha de iluminar o tempo todo e a cada passo. Entra em jogo, aqui, o conceito de "causas concatenadas". Embora Deus seja a Primeira Causa, e tudo dependa d'Ele, o próprio Criador confere a outras realidades a capacidade de atuarem como causas intermediárias.

Tomás afirma que preexistem no ser humano sementes de saber (*scientiarum semina*), como a noção de ente e o princípio da não-contradição, e que o papel do mestre é ajudar, conduzir, esclarecer a mente do aluno, a fim de que este aprenda a fazer descobertas, a partir do desconhecido para o conhecido, a pensar por conta própria. Tomás compara o professor ao médico. Este não substitui a natureza interior do indivíduo, que é a que produz a saúde corporal. Mas, atuando externamente, aplicando os remédios necessários, dando orientações com relação à alimentação, o médico pode promover a cura. O professor não infunde a luz da razão no aluno, mas propicia o esforço intelectual: as palavras do professor (*verba doctoris*) causam conhecimento, ao estimularem aquele esforço.

A relação entre linguagem e educação continuou e continua atraindo a atenção de pensadores e pedagogos. No século XIX, Friedrich Fröbel qualificará a linguagem como meio auxiliar importante. Graças à palavra o aluno compreende o sentido das coisas. Os exercícios de linguagem propostos por Fröbel fazem parte de sua concepção de uma educação integral. A linguagem deve ser conhecida, estudada, praticada. Se faltar esse tipo de estudo dentro da escola, associado à observação do mundo exterior, "faltará na árvore do conhecimento humano um ramo vivo" (Fröbel, 2001, p. 182).

Voltando uma vez mais ao diálogo entre Platão/Sócrates-Agostinho-Tomás, surge outro interlocutor: Ludwig Wittgenstein, a quem podemos chamar o "filósofo da palavra". Pensador solitário, obcecado com suas perguntas sobre perguntas, suas infindáveis considerações, textos labirínticos, aforismos desconcertantes. Do ponto de vista da filosofia da educação (e de uma filosofia da educação atenta à linguagem), Wittgenstein é alguém que está sempre investigando as palavras. Investigar é seguir o rastro, procurar, indagar cuidadosamente. Investigar é perguntar pelos vestígios. O que sobrou da palavra, da estética, da religião, depois de duas guerras mundiais? O que sobrou da educação, e da própria filosofia? Explicar? Definir? Impossível. Mas podemos descrever, e, ao descrever, Wittgenstein encontra mais perplexidades do que certezas.

Acertadamente observa Roger-Pol Droit (1949-) que Wittgenstein queria desfazer, descompor, desmitificar, dissolver, desatar (Droit, 2002, p. 275-283). O historiador Paul Johnson (1928-) vê nele um pensador heróico, devotado à tarefa de ensinar a pensar (e a de não pensar imprecisamente, o que também é aprendizado!), um homem incomum, dedicado obsessivamente à tarefa de nos provocar com a negatividade, perigosa contracriatividade, ao seu modo criativa (Johnson, 2008 165-180).

Por isso inventava e propunha jogos de linguagem, problemas mais ou menos perturbadores, tendo como pano de fundo os diálogos socráticos e as reflexões de Santo Agostinho, entre outros. A finalidade era dissipar "a névoa mental que parece encobrir o uso habitual da linguagem" (Wittgenstein, 1992, p. 47). Filosofar torna-se uma luta contra o próprio modo com que nos acostumamos a filosofar, contra essa preocupação por encontrar sentidos ocultos e explicações definitivas, qualificada como desgastante e desnecessária. O objetivo de Wittgenstein é recuperar a linguagem comum em sua "perfeição", desligando-se de "linguagens ideais". Ver e descrever para poder pensar de um modo novo...

Avesso a respostas transcendentais, por um lado, e a abordagens empiricistas, por outro, o filósofo da palavra cultiva um espírito antidogmático perante a estética, a religião, a psicologia, a história, as ciências, a filosofia. Quer desbastar, enxugar, desmantelar. Lendo outros autores, Wittgenstein procurava algo *anterior* aos juízos de valor que pudessem esses autores expressar. Dizia buscar na leitura o que o autor tinha a dizer, e não a sua gesticulação.

Wittgenstein queria o óbvio; o óbvio apreendido com a disposição de ver o óbvio mesmo, despido de explicações científicas, religiosas ou ideológicas. "A criança aprende, acreditando no adulto", escreve num aforismo óbvio (WITTGENSTEIN, 2000, p. 57).[25] Como é óbvio o seguinte – por causa da autoridade dos homens aprendemos/aceitamos muitas coisas, algumas das quais se confirmam, outras não, de acordo com nossa própria experiência.

Evitando gesticular, Wittgenstein fez do seu próprio estilo de escrever (para ele, pensar era escrever) uma forma concreta de ensinar (embora tenha renunciado depois a escrever e ensinar como ato de coerência com o que pensava e ensinava).

A aula wittgensteiniana propõe jogos de linguagem, que podemos interpretar como elemento-chave (funcionando também como elemento-surpresa, no sentido da admiração) de um método pedagógico. Método como terapia, porque há essa intenção de lançar luzes sobre o labirinto da linguagem (a linguagem é um *Labyrinth von Wegen*, um labirinto de caminhos) (WITTGENSTEIN, 1999, p. 93). Luzes, não para decifrar o labirinto, tarefa impossível. Para continuar percorrendo o labirinto, sem enlouquecer, reconhecendo nele, de novo, o óbvio: trata-se de um labirinto. Como escreveu, em 1945, no Prefácio ao *Investigações filosóficas*: "não desejaria, com minha obra, poupar aos outros o trabalho de pensar, mas sim, se for possível, estimular alguém a pensar por si próprio" (WITTGENSTEIN, 1999, p. 28).

De fato, são jogos de linguagem que, compreendidos como jogos, estimulam a imaginação e a criatividade, provocam – cada um de nós apresente agora o seu ponto de vista, proponha desdobramentos, faça novos lances. São inúmeros jogos, situações inventadas, probabilidades improváveis... Num deles, Wittgenstein traz à baila a noção de mentira. Pode alguém avisar a outra pessoa – "Vou lhe contar uma mentira" – e em seguida contá-la? Outro exemplo. Wittgenstein pergunta: uma pessoa pode fingir que não está desmaiada? Outra pergunta: como seria uma sociedade composta só de pessoas surdas? Outra: e se o aluno interrompe o professor a cada momento, duvidando do que o mestre lhe diz?

[25] O aforismo se completa com outra frase: "A dúvida vem depois da crença".

Tais jogos lançam luzes para que reaprendamos a pensar, para que façamos considerações serenas e ponderadas, para que saibamos tomar consciência dos pressupostos e implicações que envolvem determinados discursos, "elucidar conceitos, *slogans*, exortações, etc. que são apresentados nos argumentos sobre 'neutralidade', 'compromisso', e assim por diante".[26] Era o que almejava este Heráclito do século XX, cuja honestidade intelectual – uma honestidade "que a nada se curvava e que nada perdoava"[27] –, na busca de uma simplicidade de vida e pensamento, atraiu-lhe, paradoxalmente, a reputação de impenetrabilidade. Ou, como J.A. Giannotti (1930-) percebeu, esses jogos eram exercícios que Wittgenstein criava com o intuito de "libertar o homem do medo de refletir" (Giannotti, 1995, p. 66).

Antes de encerrar este tópico sobre educação e linguagem, vale a pena mencionar outro "filósofo da palavra", menos conhecido, mas não menos instigante: Ferdinand Ebner (1882-1931), contemporâneo e conterrâneo de Wittgenstein. Viveram ambos na mesma esfera cultural, mas provavelmente um não leu os trabalhos do outro, muito menos conversaram pessoalmente. Eram ambos homens retraídos, inclinados por temperamento à reflexão, autodidatas, firmes em suas convicções, agradassem ou não os demais; ambos tiveram experiência docente com crianças do ensino fundamental; ambos recorreram ao aforismo como forma de registrar suas intuições e investigações, indício, à primeira vista, de um pensamento desconexo e dispersivo, opinião que se desfaz à medida que se nota a profunda coerência interna do que escreviam; ambos publicaram em vida apenas uma pequena parte de sua produção, classificada pelos estudiosos como filosofia não-filosófica.

---

[26] KNELLER, 1984, p. 119. Outro autor atento aos slogans e metáforas educacionais é Israel Scheffler, cujo excelente livro *A linguagem da educação*, publicado no Brasil pela Edusp/Saraiva, encontra-se infelizmente esgotado há mais de vinte anos.

[27] STEINER, 2001, p. 125. E tão insubornável era esta honestidade que Wittgenstein pouco se importava em externar opiniões filosófica ou literariamente "incorretas", como sua visão desfavorável em relação a Shakespeare e Freud.

A preocupação com a linguagem é, nos dois, obsessiva. Em Ebner, contudo, prevalece a percepção da palavra como "apocalipse", no sentido bíblico de revelação entusiasmante, prometedora de um desenlace feliz.

Se a proposta wittgensteiniana desperta a desconfiança de que não há nada "por trás" das palavras, de que falsos problemas filosóficos e debates inúteis são gerados por construções idiomáticas equívocas, o que nos reenvia para o fato lingüístico em sua evidência, a ser analisado incansável e meticulosamente – e a prioridade é suscitar a lucidez –, a proposta de Ebner, por outro lado, descortina-nos uma visão diferente, não menos lúcida – a palavra como campo aberto *no qual* as pessoas se encontram e crescem espiritualmente. No diálogo em sala de aula, o professor de orientação ebneriana confiará na possibilidade de criar formas relevantes de unidade, em vista da formação humanista de seus alunos.

Ebner, reconhecendo como decisivas a dimensão espiritual da vida humana e a natureza interativa da linguagem num projeto educacional digno deste nome, criticava determinadas práticas de discurso filosófico que nos mantêm em estado de "sonho", como explicou López Quintás numa palestra ministrada no ano de 1999, quando, entre outros temas, analisava os aspectos autodestrutivos da modernidade ocidental:

> E encontrei a resposta em um grande antropólogo vienense, um professor de escola primária, Ferdinand Ebner, que, em 1921, publicou uma obra genial [...]: *A palavra e as realidades espirituais*, fonte inspiradora da melhor antropologia filosófica do século XX: grandes autores como Theodor Haecker, Romano Guardini, Karl Rahner e tantos outros valeram-se de Ebner (nem todos o citam, certamente, pois citar exige, às vezes, humildade...). Ebner, em 1921, já dissera: "Cuidado! A Europa criou uma grande cultura, mas, muitas vezes, essa cultura é simplesmente sonhar com o espírito e não viver vida espiritual". Esta idéia é muito importante: a Europa criou muita música, muita literatura, muita

arquitetura – fantástico... Mas essa arte será sempre vida espiritual ou é, simplesmente, sonhar com o espírito? Há uma diferença. Ebner acrescenta: "Se compreendêssemos bem essa idéia, haveria uma revolução em toda a Europa, que daria lugar a uma cultura humana, portanto a um homem novo, a uma época nova, uma época pós-moderna". [...] A autêntica cultura, em que consiste? Escrever crítica de arte? Fazer poesia? Sim, mas, acima de tudo, consiste em cultivar as relações pessoais: é isto que Ebner nos diz. Quando começa a autêntica vida espiritual? Quando há uma palavra dita com amor e não com ódio: uma palavra dita com ódio destrói a cultura. E não se dá a devida importância a isto. Um professor, por exemplo (façamos um pouco de autocrítica), que dá aulas brilhantes, que possui muitos conhecimentos, mas não cria um ambiente de diálogo na escola, um ambiente de encontro, estará realmente fomentando a cultura ou somente fomenta a informação?[28]

[28] "A formação adequada à configuração de um novo humanismo", conferência ministrada na Faculdade de Educação da USP, em 26 de novembro de 1999, aos alunos de Pedagogia e a professores e doutorandos da FEUSP e de outras universidades de São Paulo. O texto integral encontra-se em: <http://www.hottopos.com.br/prov/quint1p.htm>. Acesso em: 16 nov. 2007. Alfonso López Quintás (1997, p. 3-91) escreveu também um ensaio sobre Ebner: "Una interpretación dialógica del ser humano: F. Ebner".

CAPÍTULO V

Educação e estética

O lugar da estética

Em nome da chamada "objetividade científica", há quem ainda coloque entre parênteses tudo aquilo que não seja passível de coleta de dados e verificação empírica, de análise quantitativa e controle pretensamente absoluto. Segundo esta lógica experiencial, "fria", supostamente livre de subjetivismos, superstições, obscurantismos e outras "fraquezas" humanas, lógica apresentada como a única eficaz na busca de um conhecimento certo e imparcial, relega-se a metafísica, a arte, a religião e a ética ao limbo do apriorístico, ou do emocional, ou da irracionalidade.

Ou então, como gesto de tolerância, admite-se que essas "realidades" de difícil definição, realidades entre aspas, permaneçam circunscritas ao âmbito da consciência de cada um. Que cada indivíduo cultive suas crenças, gostos, idiossincrasias e *hobbies*, contanto que mantenha essas preferências suas longe do terreno "sagrado" da Ciência, com C maiúsculo.

Com respeito à estética, na medida em que o problema se restringe aos limites do individual, nada mais verdadeiro seria o velho adágio: "*de gustibus et coloribus non est disputandum*".[29] A arte e a reflexão sobre a arte participam dos projetos educacionais, quando participam, como algo periférico. Atividades artísticas talvez

[29] "No entanto, é saudável discutir nossos gostos." Só o título do livro *Gosto se discute*, de Marcelo Coelho (1994), vale já uma boa discussão estética.

compareçam ligadas ao lazer, ou ao amplo "extracurricular", ou como alternativa à perigosa ociosidade.

Para contrabalançar este quadro, o filósofo da educação traz uma pergunta incômoda – por que não conceber a própria educação como atividade estética? E isto em, pelo menos, dois sentidos. A educação como arte, arte de ensinar, e a educação como convite a desenvolvermos nossa consciência estético-existencial.

No primeiro sentido, o professor é artista. Artista (possuidor de técnicas pessoais, forjadas na prática e na reflexão) que ensina conteúdos, ou melhor, indica onde os conteúdos "moram" e, sobretudo, indica o que envolve a apreensão de tais conteúdos, contextualizando-os, valorizando-os, tornando-os atraentes. Como dizia alguém, é muito gratificante ensinar crianças a ler e contar, mas muito melhor é ensinar-lhes o que conta nesta vida, e o que vale a pena ler e reler. O poeta e professor norte-americano Mark Van Doren (1894-1972) definia a docência como a arte de ajudar os alunos a realizarem descobertas, mantendo-se nos bastidores, como queria Célestin Freinet (1896-1966), pedagogo francês sobre cujas idéias ainda podemos falar. E não é esta, afinal de contas, função primordial de todas as artes, produzir epifanias, propiciar descobertas?

No segundo sentido, cada pessoa em formação (e a formação é contínua, multiforme, exigência não apenas do "mercado de trabalho competitivo", mas do próprio ser humano perfectível), cada pessoa se verá como artista de sua existência. Aprender a poetizar, roteirizar, fotografar, teatralizar, filmar a sua própria vida. Educar-se como processo de autocriação, em diálogo com os professores, os colegas e os livros, em diálogo com as regras sociais e com os valores dominantes, transfigurando, transformando os materiais da vida (o corpo, o temperamento, o espaço, o tempo, a palavra, o entorno, etc.) em ocasião de escolhas, produzindo aos poucos, e ao longo de toda a existência, uma auto-escultura.

No filme *Proposta indecente* (1993), Woody Harrelson interpreta um arquiteto que se torna professor. Numa de suas aulas, Louis Kahn pega um tijolo, e começa a conversar com os alunos:

> – O que é isto?
>
> – Um tijolo – responde um aluno.
>
> – Muito bem... e o que mais?
>
> – Uma arma – diz alguém, e os colegas riem.
>
> O professor sorri, fica pensativo, e continua:
>
> – Um tijolo quer ser algo. Ele aspira a ser algo. Mesmo um tijolo comum... quer ser algo mais do que é. Quer ser algo melhor do que é. E é isto o que devemos desejar também.

O tijolo quer transformar-se em catedrais, pontes, prédios. A pessoa "em construção" busca ser mais e melhor do que é (ou talvez venha a se tornar uma arma de destruição e autodestruição). A pessoa empenhada em aprender, não aprende por aprender – aprende a se tornar pessoa mediante uma arte de viver (e de conviver), ou mediante uma *ascese* (para recuperar termo caro a cristãos e pré-cristãos). Não assume de modo absoluto e total as rédeas da vida, situação indesejável e, de resto, irrealizável, mas adota uma ética estética, orientando-se "cosmicamente" em meio a forças caóticas e impulsos imprevisíveis.

Se a arte de viver é uma fuga do caos e do casual, em busca de formas (mais ou menos formidáveis) de conduzir-se, a escola e a universidade (se desejam perpertuar-se de algum modo) devem ser "oficinas" voltadas para essa automodelação. Trata-se de conferir, ao informe, formatos humanos. Essas oficinas, por assim dizer, fazem ao educando mil e uma "propostas decentes", propostas de crescimento pessoal, de amadurecimento pessoal. A palavra "oficina" vem do latim *officium*, contração de *opus* e *facio*. Oficina é o lugar onde a obra se perfaz. A obra de toda uma vida a se fazer.

Nisto consiste, aliás, a dignidade humana, como naquelas inesquecíveis palavras que Giovanni Pico della Mirandola (1463-1494) atribui a Deus-Artífice:

> A ti, ó Adão, não te temos dado nem uma sede determinada, nem um aspecto peculiar, nem um múnus singular precisamente para que o lugar, a imagem e as tarefas que reclamas para ti, tudo isso tenhas e realizes,

> mas pelo mérito de tua vontade e livre consentimento. As outras criaturas já foram prefixadas em sua constituição pelas leis por nós estatuídas. Tu, porém, não será coarctado por amarra nenhuma. Antes, pela decisão do arbítrio, em cujas mãos te depositei, hás de predeterminar a tua complexão pessoal. Eu te coloquei no centro do mundo, a fim de poderes inspecionar, daí, de todos os lados, da maneira mais cômoda, tudo que existe. Não te fizemos nem celeste, nem terreno, mortal ou imortal, de modo que assim, tu, por ti mesmo, qual modelador e escultor da própria imagem, segundo tua preferência e, por conseguinte, para tua glória, possas retratar a forma que gostarias de ostentar. Poderás descer ao nível dos seres baixos e embrutecidos, poderás, ao invés, por livre escolha de tua alma, subir aos patamares superiores que são divinos. (Pico Della Mirandola, 1988, p. 6)

Essa arte de viver (de decidir sobre si mesmo) comporta “técnicas” antigas ou renovadas – autoconhecimento, uso inteligente do tempo disponível, leituras significativas, formulação de projetos existenciais, estudo orientado e algum tipo de memorização, avaliações e auto-avaliações, intimidade com o idioma (com os idiomas), exercícios de imaginação, experiências reais e virtuais, criação de relacionamentos fecundos, troca de idéias, descobrimento do sentido da vida (em terapias, em vivências religiosas...), etc.

Toda uma tarefa de auto-elaboração, cercada de riscos, marcada igualmente pela alegria do conhecimento e do crescimento. Essa tarefa, sujeita a tropeços e avanços, surpresas e sustos, encontra um modelo, uma diretriz, na observação da prática artística – o poema e sua confecção, a composição e execução de uma música, a interpretação teatral. O processo criativo pelo qual surge um quadro ou um filme inspira o educando, incentiva-o a elaborar seus gestos, suas palavras, seus sentimentos, suas paixões, na criação de um “personagem” no palco da cotidianidade. Esse “personagem” tem uma profissão, exerce a cidadania, convive com seus “semelhantes dissemelhantes”, assume valores, intervém na realidade.

Educação para o melhor requer esforço ético-estético, perseverança, uma espécie de combatividade. Assim como o artista retoma uma e outra vez o texto que escreve, a música que compõe, o filme que edita, o papel teatral que interpreta, o passo de dança que executa, o quadro que pinta, assim também cada pessoa pode voltar-se para sua vida, retomar trajetórias, rever projetos, reavaliar equívocos, ponderar sobre suas conquistas. A vida de cada um, diz Julián Marías, é reversível – a *minha vida* é reversível. E por isso eu posso "aprová-la, rechaçá-la, modificá-la, julgá-la, arrepender-me ou solidarizar-me com ela" (MARÍAS, 1995, p. 79).

A educação como esforçada elaboração artística, como trabalho de autodefinição, é paradoxal, pois somos humanos (assim nos definimos), mas ainda não o somos, ainda não estamos plenamente definidos... "Nascemos humanos, mas isso não basta: temos também de chegar a sê-lo" (SAVATER, 1998, p. 29). Definir então o "humano" torna-se tarefa fundamental para que possamos criar em nós o ser que queremos ser.

Desenhar tal definição, no contexto da educabilidade, será tarefa maior do filósofo. A filosofia da educação como antropologia filosófica (SEVERINO, 1994, p. 36-38), como reflexão engajada no *humanum*. E o que é o *humanum* senão a capacidade mesma de buscar e definir, inventar e descobrir, realizar o *humanum*? Se os antigos vislumbravam uma realidade sagrada em nossa própria condição – "*homo sacra res homini*" –, ao mesmo tempo sabiam ser difícil encontrar essa visão e convicção intelectual desenvolvida e transformada em realidade virtuosa! Ilustrativa, por isso, aquela imagem antiga e mil vezes recuperada, imagem repleta de ironia – Diógenes, o cínico (413-323 a.C.), carregando em pleno dia a lanterna acesa, à procura de um autêntico ser humano.

Diógenes, professor-palhaço, ensinando com uma pantomima crítica, olha nossos olhos, faz um muxoxo, passa por nós, não encontra em nós o autêntico ser humano, aquele que é "senhor dos próprios desejos e vive racionalmente, em harmonia com a natureza" (SLOTERDIJK, 2003, p. 257).

Luz e lucidez

Nietzsche, apaixonado estudioso da cultura grega, olhava de modo irônico a busca irônica de Diógenes. Antes de sair à procura do ser humano autêntico, "é preciso ter encontrado a lanterna" (Nietzsche, [s.d.]). Não necessariamente a lanterna de Diógenes. À luz de que idéias e princípios, à luz de que intuições e convicções, à luz de que palavras e conceitos vamos procurar/reinventar o ser humano, procurar/reinventar a nós mesmos?

Cada pessoa terá de procurar e optar por suas fontes de luz, vale dizer, fontes de conhecimento, fontes bibliográficas em não poucos casos, referências teóricas, textos dissipadores de zonas obscuras e de confusões mentais. "A luz dos livros nunca se apaga" – palavras da escritora grega Angeliki Varella (1930-). A busca do ser humano em que devemos nos tornar é precedida (e acompanhada) pela busca de uma luz educadora, orientadora. A luz que emana dos livros, e não só dos livros – da conversa inteligente, da arte, da prática filosófica convida à lucidez. A luz, para usarmos termos aristotélicos, põe em ato o que, no escuro, está em potência. Nem todos os gatos são pardos, brincava Ortega y Gasset – basta acender a luz para perceber esse fato.

A luz me faz ver o que é, o que há, e não o que sonhei que fosse ou haveria, por mais nítido que este sonho tenha sido. Esta lucidez não precisa associar-se a uma visão pessimista, de quem espera o pior, embora o pior faça parte da realidade. Posso ser uma pessoa lúcida, e cheia de esperança (esperanças que prometem algo jamais sonhado...), se quiser ver o que a luz atualiza.

A lucidez produz descobertas. E produz desilusões, é verdade. Rouba-nos falsas felicidades, tranqüilidades inconsistentes. Perda que, embora aborrecedora, é muito desejável. A desilusão como destruição de certas ilusões (certos sonhos...) assinala a distância existente entre opiniões infundadas e realidade, entre visões distorcidas e realidade. A arte que nos desilude, justamente por ser arte iluminadora, torna-se fonte alimentadora de nossa própria lucidez. A arte perturba a ordem dos mundinhos fechados, fazendo-nos descobrir e exercitar outras maneiras de ver e pensar, interpretar e agir. A arte incomoda ideologias, teologias, e pedagogias também, recriando-as muitas vezes. Desestabiliza, sim, propondo, em silenciosa contrapartida, harmonizações outras.

Mas não seria bem outro o objetivo da Arte? Não seria a Beleza esse principal ou senão o único objetivo, Beleza e Arte com iniciais maiúsculas, belas formas, belas pinceladas, belos sons, belas vozes, belas palavras e imagens que tornassem acessível aos sentidos dos mortais tudo o que é inefável, indizível... e tudo o que é Humano, também com inicial maiúscula? O escultor francês Auguste Rodin (1840-1917) era taxativo:

> Não há, na realidade, nem estilo belo, nem desenho belo, nem cor bela. Existe apenas uma única beleza, a beleza da verdade que se revela. Quando uma verdade, uma idéia profunda, ou um sentimento forte explode numa obra literária ou artística, é óbvio que o estilo, a cor e o desenho são excelentes. Mas eles só possuem essa qualidade pelo reflexo da verdade. (Rodin, 1990, p. 74)

A beleza como verdade que se desvela, verdade que emana da obra artística e nos avisa: ultrapassamos (pelo menos por um momento) o contato superficial e desumanizante com a vida. Não se trata de experiências gratificantes como fruto do consumismo artístico, ou de contemplação pura em circunstâncias privilegiadas, mas de aprendizado (sempre gratificante e sempre doloroso), na medida em que nossa sensibilidade e criatividade são solicitadas, despertadas, de certo modo desafiadas.

Franz Kafka (1883-1924) educa-nos, ao mostrar as causas e conseqüências da depressão (*A metamorfose*). O cineasta mexicano Guillermo del Toro (1964-) educa-nos, ao tematizar o poder da fantasia (*O labirinto do fauno*). A pintora Frida Kahlo (1907-1954), mexicana também, também nos educa, ao retratar e ampliar o seu sofrimento físico e mental como protesto lúcido, não-convencional (*O veado ferido*). Outro mexicano, o escritor Guillermo Arriaga (1958-) educa-nos, ao criar *Um doce aroma de morte.* Samuel Beckett (1906-1989) educa-nos, ao nos fazer experimentar a perplexidade do homem contemporâneo diante do silêncio de Deus (*Esperando Godot*). Carlos Drummond de Andrade educa-nos, com seu ateísmo místico (*A máquina do mundo*). Chico Buarque de Holanda (1944-) educa-nos, expondo com humor a falta de amor (*O casamento pequeno-burguês*). O australiano Ron Mueck (1958-) educa-nos, suas esculturas hiper-realistas, indiferentes e vulneráveis ao nosso olhar, guardam nossos pensamentos e sonhos (*Mulher grávida*). O grupo brasileiro Barbatuques (1996) educa-nos, em apresentações de melodias corporais que nos fazem pensar nas inexploradas possibilidades estéticas do corpo humano.

Educam-nos na medida em que queiramos educar-nos. Aquela famosa frase de Michel de Montaigne (1533-1592) – "metade da palavra pertence a quem fala e metade a quem escuta" (*Ensaios*, livro 3, capítulo 13) – joga luzes fortes sobre a apreensão da arte. Apreensão como encontro. Metade da "tarefa" cabe ao poema, ao quadro, à escultura; a outra metade a quem lê, observa, analisa.

Na própria busca da luz educadora, quando lemos, quando interpretamos a arte, quando entabulamos uma conversa esclarecedora, deparamos com o *humanum* que Diógenes buscava. Ao encontrarmos a lanterna, encontraremos em nós mesmos aquilo que de melhor possuímos: a "metade" com que contribuímos para o todo.

A busca da luz é a busca do melhor, do melhor que há em nós. Precisamos acender a lanterna que já está em nós. Não nos basta, por assim dizer, ver o que é possível à luz do dia, não bastam os fatos visíveis, o automaticamente aceito, os papéis sociais que interpretamos com maior ou menor habilidade, as unanimidades cotidianas, os acordos cotidianos, as concessões cotidianas. Necessitamos de outras luzes para efetuar novas descobertas fora e dentro de nós – a luz da razão atenta, a luz da intuição encorajada, a luz da imaginação cultivada. Essas luzes são aquela "metade" nossa que nos ilumina de dentro para dentro... e de dentro para fora.

Luzes ficcionais sobre o real

Pensemos nas preocupações filosóficas de Theodor Adorno (1903-1969), diretamente vinculadas aos processos educacionais. A educação nos conduz a uma libertação da barbárie? E a uma defesa contra a barbárie? Segundo Adorno, a educação não deve modelar ninguém, nem apenas transmitir conhecimentos. Sua concepção é radical e emancipadora: educar é produzir uma "consciência verdadeira"(Adorno, 2006, p. 141). Verdadeira porque permanentemente crítica e autocrítica, atenta à realidade social, às mutações que se operam no dia-a-dia em diversos planos (na política, na cultura, na vida artística, nos meios de comunicação...), para que Auschwitz e outras barbáries não se repitam. Consciência verdadeira, e não desleixada, consciência alerta ao perigo dos conformismos, à perigosa aceitação do inaceitável.

Consciência alerta, capacidade de reflexão para criticar. Curiosamente (aos nossos olhos, talvez), Adorno criticava a "idolatria debilóide aos Beatles" (Adorno, 2006, p. 110), pois se os Beatles não são propriamente a barbárie... é incontestável barbárie cultuá-los (Adorno, 2006, p. 117). De fato, a histeria com que os jovens saudavam o mundialmente famoso grupo musical, quatro rapazes rebeldes (rebeldes para os padrões da década de 1960...), escandalizava aquele homem formado nas leituras de Hegel e Kant, Goethe e Hölderlin, Marx e Freud, apreciador de Beethoven e Mozart. Pode parecer exemplo desproporcionado, mas é sintomático. O arrebatamento dos beatlemaníacos incomodava o pensador alemão, temeroso de ver qualquer coisa que parecesse irracional ganhar terreno, transbordar os limites do aceitável. A beatlemania lembrava-lhe outros comportamentos, não de fãs entusiasmados, mas de fanáticos mesmo. Lembrava-lhe a falta de reflexão, a manipulação de massas, o apelo hipnótico que falsos ídolos conseguem exercer.

A educação esclarecedora e desbarbarizadora deve começar o mais cedo possível. Desde a infância. Essa educação dirigida à auto-reflexão crítica (para Adorno, só nesses termos educar faz sentido) ajudará cada pessoa a descobrir em si mesma os mecanismos secretos que, não denunciados e desmascarados em tempo, poderiam levá-la a se tornar desumana e cruel com os outros... e para si mesmo detestável.

O encontro com a obra de arte pode deflagrar *insights*, ampliação da consciência, vivência de conflitos e valores (dentro e fora do universo escolar, do universo acadêmico), amadurecimento pela via indireta da imaginação. De fato, o impulso da criatividade humana plasmado numa obra de arte nos impulsiona também!

Adorno refere-se ao livro de Heinrich Mann (1871-1950), *O anjo azul*, cujo título original é muito mais forte, *Professor Unrat*, apelido/xingamento que eu preferiria traduzir como "Professor Lixão".[30] O professor (de línguas clássicas) é autoritário, e ao mesmo tempo infantilóide. Sente-se autorizado a humilhar, perseguir e punir seus alunos, mas encontra-se tão perto deles que acaba por identificar-se com os rapazes naquilo que têm de imaturos. Despreza-os e sabe que é desprezado por aqueles "moleques depravados".

O professor pretende flagrar seus alunos com a sedutora Rosa Fröhlich[31] e termina por encantar-se ele mesmo pela prostituta. Dotado de inteligência, cultor dos clássicos, o professor é

[30] Flávio Kothe, tradutor da edição da Paz e Terra (1985) desse livro, quis preservar a força do trocadilho entre o sobrenome do personagem, "Bragança", com ares de nobreza, e o apelido "Bagunça", a exemplo do que fez o autor: *Rat* (conselho, conselheiro) em oposição a *Unrat* (lixo, sujeira). Heinrich Mann vai mais longe, brinca também com o primeiro nome de Rat, Immanuel, aludindo à grande referência germânica, o filósofo e professor Immanuel Kant. No caso de "Lixão", seria preciso inventar um sobrenome em português que produzisse o mesmo efeito de deboche. O tradutor desse mesmo livro, em edição mais recente, da Estação Liberdade (2002), Erlon J. Paschoal, manteve o sobrenome alemão do personagem principal, confiando em que o leitor entenderá o jogo de palavras.

[31] Como esquecer Marlene Dietrich no filme *O anjo azul*, de 1930, interpretando esse papel e concedendo à própria personagem do livro mais sedução do que possuía na mente de Heinrich Mann? Adorno, como a lamentar nossa decadência cultural, diz que este grande romance seria provavelmente conhecido pela maioria apenas na versão *kitsch* do filme. E é verdade! No filme, a prostituta é mais bela, o tirano é menos tirânico, talvez mais ingênuo; o enredo é devidamente adaptado a um público maior e diversificado.

devorado pela vertigem. É envolvido pelas paixões que recrimina nos alunos. Casa-se com Rosa e abandona o magistério. É possuído pelo desejo de vingança, pelo ciúme, pelo desgoverno dos sentimentos, pela violência. Adorno capta no professor a contradição profunda. Faltou ao mestre ser mestre para si mesmo, ou, sendo melhor mestre para os alunos, faltaram-lhe visão e força para orientá-los. Faltou-lhe ter consciência de que seu lado "lixão" existia realmente, e que somente admitir essa sombra permitiria garantir a eficácia de seu lado "conselho".

Por outra parte, a erudição e a sabedoria do professor são contestadas pela sua própria atitude de supervalorização do microcosmo escolar:

> [...] todos eles deveriam ser expulsos da escola com ignomínia e desonra. Unrat não conseguia imaginar qualquer outro tipo de perdição. Não lhe ocorria uma derrocada que não consistisse na expulsão de um aluno da escola... (Mann, 2002, p. 170)

Sua infantilidade é patente, cristaliza-se como traço/deformação profissional. O professor pensava que a escola era maior do que o mundo. Agia como pequeno ditador que se vê enorme dentro do seu estreito território. Sua falta de realismo levou-o à perdição. Seu maior equívoco foi pensar que ensino se confunde com manutenção da ordem escolar. Preso no final do romance, jogado no escuro, tal como no escuro do cubículo eram jogados por ele os alunos indisciplinados, o professor-tirano, que odiava a humanidade na figura de seus alunos, sucumbe miseravelmente.

Se Adorno conhecesse a literatura brasileira, talvez tivesse citado em sua argumentação outro romance, *Caminhos cruzados*, de Érico Verissimo (1905-1975), publicado em 1936. Destaca-se entre os "caminhantes" da história o professor Clarimundo Roxo, cujo sonho secreto é escrever um opúsculo que se chamará *O observador de Sírio*. Nesse livro dentro do livro, um homem solitário vive em Sírio, uma das estrelas mais brilhantes do firmamento, e de lá, com o auxílio de um telescópio mágico, observa a Terra e seus habitantes, descobre a verdade das coisas. Quisera o professor Clarimundo morar em Sírio. A realidade lhe é incômoda.

Não podendo viver dos direitos autorais de um livro que sequer escreveu, Clarimundo exerce a função docente, mas a contragosto. Não está apaixonado pela arte de ensinar, não é um militante da educação, e sua falta de paixão parece provocar o desânimo dos alunos:

> A aula está inquieta, num zunzum de colméia assanhada. O ar fresco da noite entra pelas janelas. As carteiras rangem. Numa das extremidades da sala, um rapaz cochila com a cabeça encostada à parede. Bem na frente, na primeira fila de bancos, as posturas são as mais diversas. Um moço de óculos e buço cerrado escuta atento, de boca aberta. Um sargento do exército limpa as unhas com o canivete. Uma rapariga de boina azul boceja olhando para a estrelinha que brilha longe, no recorte do céu que a janela enquadra. Um homem de cabelos grisalhos escuta, de sobrancelhas alçadas, com uma atenção forçada e o ar vagamente imbecil de quem não compreende. De vários pontos brotam cochichos, resmungos, estalidos, cicios, bocejos abafados. A luz escorre das lâmpadas nuas é amarela e cansada.
>
> O Prof. Clarimundo disserta [...].
>
> ‑ Pode-se saber Português sem saber Latim?
>
> Ele mesmo dá a resposta. Não. Sacode a cabeça: a franja eriçada se agita: os óculos reluzem.
>
> – Pode-se estudar gramática histórica sem um bom conhecimento da língua latina?
>
> Também não. Novo aceno de franja, novo fuzilar de óculos.
>
> Um aluno abre a boca num bocejo sonoro. O professor estica o pescoço, procurando o mal-educado.
>
> – Quem foi que bocejou? – pergunta.
>
> Movimento de cabeças. As abelhas se assanham: os zumbidos da colméia crescem em ondas. Por fim, o silêncio. (Veríssimo, 1964, p. 72-73)

O latim é amargo. Não é o mel que as abelhas produzem e consomem. O professor precisa produzir o mel que alimenta e dê prazer, que atraia, que mantenha os alunos atentos. Lecionar latim é possível, mas não com métodos distantes, com exigências abstratas, com abordagens secas. O latim torna-se fascinante, por exemplo, quando os alunos percebem no seu próprio falar a presença viva de uma língua (supostamente) morta.

A não-aula do Prof. Clarimundo prossegue, anestesiante:

> – Dizem os maus estudantes que Latim é língua difícil... – Clarimundo pronuncia caprichosamente o *s* do plural. – Mas os senhores vão ver que no fim de contas a matéria é duma facilidade absoluta. – Clarimundo fala pausadamente, destacando as sílabas. – Conheço [...] muito latinista de fama que não observa a *quantidade*...
>
> Segura as bordas da mesa, empertiga o corpo.
>
> – Ora, a quantidade deve ser observada – Ergue a mão direita, com a ponta do indicador a tocar a ponta do polegar, formando um círculo. A quantidade de uma vogal ou de uma sílaba é o tempo ocupado na sua pronúncia. – E marca a cadência das palavras que pronuncia com um oscilar da mão.
>
> – Conhecem-se dois graus... [...] A quantidade *longa* e a quantidade *breve*. Pois ora muito bem!
>
> Esfrega as mãos. O sargento suspira. O aluno que cochila acorda de repente e fica olhando em torno com os olhos piscos e o ar estúpido. (Veríssimo, 1964, p. 73-74)

Ninguém questionará a importância da matéria, ninguém colocará em xeque a necessidade de conhecer as peculiaridades do idioma estudado, ninguém duvidará, sobretudo, da seriedade e da diligência com que o professor se empenha em explicar o que considera imprescindível. Contudo, um aluno mais interessado poderia encontrar em qualquer gramática latina, se assim o quisesse, a informação adequada sobre a quantidade.

Cabe ao professor, ampliando sua consciência sobre a real/relativa importância do saber, transformar a informação em ponte luminosa entre o mundo do aluno e o mundo da gramática, entre a vida do aluno e a vida das palavras, entre o tempo do aluno e o tempo em que a língua latina era “viva”.

Pega o giz e risca as palavras *via* e *nihil*.

> – Atenção, senhores. Uma vo-gal di-an-te de ou-tra vogal ou de um h é bre-ve. Não esqueçam! – E repete as palavras que escreveu. – Via... nihil. Olhem que isto é muito importante, senhores! Poucos compreendem a importância da quantidade. A quantidade é uma das coisas mais sutis da língua latina. A observância da quantidade revela a finura do latinista...
>
> Os seus olhos de anjo passeiam por cima das cabeças inquietas. Não lhe parece que a classe tenha compreendido a gravidade do assunto. Estes moços de hoje não levam a sério as coisas respeitáveis do saber. (Veríssimo, 1964, p. 74)

Os alunos do Prof. Clarimundo estariam mais atentos e respeitariam as "coisas respeitáveis do saber", se o professor, obedecendo à missão oculta e manifesta em seu nome, clareasse, iluminasse o mundo daqueles alunos reais, daqueles que não nasceram para ser latinistas, não queriam ser latinistas, não precisavam ser latinistas. A insistência de Clarimundo é pura teimosia, pura cegueira didática. Teria sido mais sensato que, respeitando os alunos, perguntasse a eles o que esperavam das aulas de latim.

Por um triz, Clarimundo quase acertou. Ao mencionar as palavras latinas *via* e *nihil* poderia ter feito associações com palavras atuais: prévio, óbvio e trivial, níquel, aniquilamento... Mas não lhe ocorreu esse caminho. Não lhe ocorreu nada de interessante. E o caminho efetivamente escolhido a nada levou:

> Põe o giz no rebordo do quadro-negro e limpa as mãos com o lenço.
>
> – Pois ora muito bem. Vamos ver... o senhor... (aponta para o estudante de óculos e buço cerrado). Que vem a ser a quantidade?
>
> O rapaz coça a cabeça, embaraçado, e seus olhos fitam o quadro-negro, vazios, inexpressivos, parados.
>
> Vinte segundos de silêncio. O professor espera. Os olhos mortos continuam olhando...
>
> Clarimundo torna a sentar-se à mesa. Os seus óculos refletem a lâmpada elétrica que pende do teto. Sua franja treme de indignação:

> –Sim, senhor! Não sabe uma coisa que acabo de explicar. Pois todos sairão reprovados se não observarem a quantidade. As bancas são muito severas e a quantidade é uma coisa importantíssima!
>
> Animado, põe-se a falar sobre a importância da quantidade. Esporeado pelas suas próprias palavras, embriagado pelos próprios argumentos, Clarimundo parece não querer mais parar o discurso. O que importa nesta hora é a quantidade.
>
> A aluna de boina azul entregou a sua virgindade ao namorado que agora recusa casar com ela. O sargento do exército sonha com os galões de tenente e sofre porque não pode compreender as equações de primeiro grau nem decorar as fórmulas de Química. O senhor de cabelos grisalhos suporta em silêncio a vergonha de ter de freqüentar aos quarenta anos um curso de preparatórios porque precisa dum diploma e precisa do diploma porque lhe é imprescindível ter uma profissão liberal a fim de ganhar dinheiro para sustentar a família numerosa. Aquele rapaz pálido, que olha medroso para o professor, trabalha dez horas por dia e ganha um ordenado miserável. Seu companheiro de carteira pensa ansioso na namorada que o espera à janela para a prosa de todas as noites. Num dos cantos da sala agita-se inquieto um rapazola louro que não sabe como há de pagar a pensão no fim do mês, pois não encontrou ainda emprego e não quer interromper os estudos. (VERÍSSIMO, 1964, p. 74-75)

O Prof. Clarimundo habita outro universo, está fora do nosso mundo, desse nosso mundo vivo, sofrido, de alunos cheios de medos e esperanças. Clarimundo instalou-se no distante mundo do latim. E em vez de ser a ponte, o pontífice (isto é, o construtor de pontes), o intérprete entre os dois mundos, prefere instalar-se no mundo do conhecimento puro e, de longe, transmitir notícias isoladas para o mundo imundo, que ele desconhece, dos alunos que lutam pela sobrevivência.

Os alunos vivem em busca da vida. Da sobrevivência econômica e da vida afetiva. O amor e o salário são suas paixões, suas necessidades prementes, absorventes. Como poderá o latim, objeto de paixão do caro professor, tornar-se também interessante para os alunos, se o mestre não se digna olhar para as paixões reais, dolorosas, daqueles que o ouvem falar sobre a importância do latim? Como pode o latim ser objeto de interesse de pessoas que estão preocupadas com dinheiro, amor, sexo, prestígio social, trabalho, vida?

O professor afirma (acreditemos em sua sinceridade) que a matéria é importante, importantíssima, mas exigimos que o demonstre com melhores argumentos. Não nos basta a sinceridade. Precisamos comprovar a sua competência como mediador. Este é o segredo didático para que os alunos se sintam realmente interessados em estudar latim, química, literatura, matemática, o que for. O segredo reside em criar uma relação viva entre o latim e a vida dos alunos, entre a quantidade do latim e as qualidades que os alunos têm ou pretendem adquirir, entre o latim e o que os alunos reconheçam como algo relevante.

> Mas [...] o que importa agora para o Prof. Clarimundo é a quantidade. E ele se exalta, acalora e fala para lhe denunciar a gravidade. Argumenta com uma energia que não revela nas coisas práticas da vida. Há meses que pensa em pedir um aumento de ordenado ao diretor do curso, mas lhe faltam coragem e entusiasmo [...].
>
> – Pois ora muito bem! Já que ninguém sa...
>
> O tinir duma campainha lhe corta a palavra. A hora do Latim passou. Fiel ao horário, o Prof. Clarimundo cala-se. Pronunciar uma palavra mais da lição seria ilegal. O professor não gosta de infringir as leis.
>
> A colméia de novo se assanha. Conversas explodem, livres. Os rapazes se levantam. (Veríssimo, 1964, p. 75)

Levantam-se para a rua, para a liberdade, para a vida, para o que de fato solicita sua atenção, arranca suor e provoca lágrimas. Deixam o professor e o latim para trás, para depois, para nunca mais. Ainda não foi agora que puderam relacionar tudo o que professor sabia com alguma necessidade concreta.

Como um clarão

Poderíamos, e deveríamos, passear pela arte em suas diversas manifestações, abertos à captação do valor estético como valor que educa. Entrar no campo de irradiação do valor estético remete à noção tomasiana de *claritas*, sucinta mas brilhantemente (perdão pelo trocadilho!) analisada por Umberto Eco: o fruidor entra em diálogo com a manifestação de coisas belas e recebe ativamente o resplandecer (Eco, 1989, p. 120-122). A arte, criando formas das quais emana essa luz, faz da clareza estética um estímulo intelectual e emocional poderoso. Aprender a linguagem das artes enriquece nossa visão da realidade, abre-nos portas e janelas, desperta-nos para dimensões fundamentais da existência que não cabem nos verbetes dos dicionários nem podem ser explicadas em manuais, apostilas ou *sites*.

A música, a dança, o teatro,[32] o cinema,[33] a pintura... atuemos como apreciadores de obras-primas (e mesmo que não o sejam!), atuemos como músicos, atores, pintores (mesmo que amadoristicamente), são espelhos nos quais nos olhamos e, cantava Raul Seixas ("Ouro de tolo", 1973), graças a eles descobrimos um óbvio nem sempre óbvio: somos humanos, ridículos, limitados, usando apenas dez por cento de nossas possibilidades![34]

Detenho-me, porém, um pouco mais na literatura por questões de economia de tempo e espaço, e pela maior intimidade. Não se pode escrever sobre tudo.

---

[32] Vale a pena lembrar o papel do teatro escolar entre os jesuítas, cujos benefícios eram exaltados por um Francis Bacon (1561-1626): as atividades teatrais "fortalecem a memória, educam o tom de voz, apuram a dicção, aprimoram os gestos e as reações faciais, inspiram confiança e autodomínio, habituam os jovens a enfrentar o olhar do público" (*De dignitate et augmentis scientiarum*, 1. VI, c. 4).

[33] Seria extrema falta de sensibilidade, não apenas estética mas também pedagógica, ignorar o "uso" do cinema na escola. Sabendo-se, porém, que a "imagem cinematográfica é essencialmente desestruturadora, desestabilizadora, subversiva" (CABRERA, 2006, p. 36).

[34] "É você olhar no espelho / Se sentir / Um grandessíssimo idiota / Saber que é humano, / Ridículo, limitado, / Que só usa dez por cento / De sua cabeça animal..."

A experiência literária no contexto educacional é *revelação* mediante as palavras. O talento criador de um Cervantes revela-me a dimensão *quixotesca* da vida. Kafka revela-me a dimensão *kafkiana* da convivência social. Dostoiévski revela-me a dimensão *dostoievskiana* da existência. Esses e outros adjetivos (quixotesco, dostoievskiano, kafkiano, shakespeariano, drummondiano, baudelairiano, goethiano, etc.) demarcam a realidade caótica, medíocre, mesquinha ou anódina. Como "o clarão de uma dessas antigas câmeras fotográficas com braço de acordeão" (Vargas Llosa, 2004, p. 363), o filósofo da educação vê, por um momento fugaz mas marcante e inesquecível, o que, inominado, ficaria para sempre perdido num limbo qualquer.

As práticas educacionais, a história da escola, o encontro com o conhecimento, a imagem do professor, as relações entre aprendizado e vida, as questões éticas, as interrogações mais cruciantes, tudo o que é tematizado na literatura ganha colorido e contorno. O escritor tematiza, e ao tematizar interpreta, ao interpretar convida-nos a imaginar, pensar, criar... e nesse diálogo torna-se patente o até então oculto, latente.

A primeira cena do livro *Os meninos da rua Paulo*, do escritor húngaro Ferenc Molnár (1878-1952), é representativa de um tempo e mentalidade sobre os quais interessa ao educador refletir:

> Na sala de ciências naturais, por cima da comprida mesa do professor, apareceu finalmente [...], uma cintilante risca verde esmeralda no meio da chama incolor do bico de Bunsen, documentando-se, assim, que a composição química destinada, segundo afirmativa do professor, a colorir de verde a chama do bloco, cumpria o seu dever.
>
> Pois foi à uma hora menos quinze, exatamente naquele momento de triunfo, que no quintal da casa vizinha ressoou uma pianola, e isso acabou de vez com toda a seriedade da aula. Era um dia quente de março, as janelas estavam escancaradas e, nas asas da fresca brisa primaveril, a música penetrou na aula. A pianola tocava uma alegre canção húngara, transformando-a numa

> espécie de marchinha, emprestando-lhe um caráter tão estrondoso, tão vienense, que deu a toda a turma uma vontade de sorrir que muitos não souberam conter.
>
> A chama verde que oscilava alegre no bico de Bunsen, agora só atraía os olhares de alguns meninos dos primeiros bancos. Os outros olhavam pelas janelas para o mundo lá de fora, onde se viam os telhados dos casebres vizinhos, e, ao longe, rebrilhando à luz dourada do meio-dia, a torre da igreja, em cujo mostrador o ponteiro grande, reconfortador, se aproximava do XII.
>
> Voltada para a janela, a atenção dos meninos catava, além da música, outros sons que nada tinham que ver com a aula. Condutores de bondinho de burro trombeteavam, e num dos quintais uma criada cantarolava uma melodia totalmente diversa da tocada pela pianola. (Molnár, 1969, p. 19)

Faltam cinco minutos para a aula terminar, e os alunos começam a se mexer, pensando na rua, nas brincadeiras, no almoço. Um deles, sentado na última carteira, "soltava bocejos dignos de um hipopótamo entediado" (Molnár, 1969, p. 20). Todos contavam os segundos para sair, exceto o professor, que subitamente pergunta:

> – Que é que há?
>
> Estas palavras produziram um silêncio geral, um silêncio de morte [...].
>
> – Que é que há? – repetia o professor.
>
> Todos se mantiveram imóveis, sentados nas carteiras. Então ele fitou a janela, pela qual os acentos da pianola penetravam num saltitar alegre como para mostrar a todos que não estavam submetidos à disciplina escolar, verberou a pianola com um olhar severo e disse:
>
> – Csengey, feche a janela. (Molnár, 1969, p. 20-21)

Fechem-se as janelas, eis a ordem do professor quando tinha de atrair a atenção dos dispersos. Fechem os ouvidos ao som que vem de fora. Fechem os olhos ao que passa lá fora. Fechem os sentidos para o que lhes parece fazer mais sentido do que a minha aula. E não havia o que discutir, o que alegar. O professor, autoridade máxima dentro de sala, tinha o direito e o dever de podar, de fechar, de quebrar se fosse necessário.

O tempo passa. Chega uma hora em que é preciso encerrar a aula:

> [...] A campainha elétrica entrou a berrar, e dessa vez até o professor tomou conhecimento do fim da aula. Apagou o bico de Bunsen, indicou a lição do dia seguinte, e voltou ao gabinete de ciências naturais, onde, a cada abrir de porta, animais empalhados e passarinhos mortos empoleirados nas prateleiras piscavam os estúpidos olhinhos de vidro, e num canto, silencioso mas cheio de dignidade – mistério dos mistérios, horror dos horrores – um amarelecido esqueleto humano estava fazendo horas.
>
> Num instante, a sala se esvaziou. Começou uma correria feroz pelas escadas abaixo, no meio das colunas, a qual só se transformava em pressa moderada quando, entre a barulhenta multidão de meninos, aparecia a silhueta ereta de um professor. Então os que corriam detinham o passo, o zunzum se acalmava, mas logo que o professor desaparecia a uma volta do corredor, todos se punham novamente a precipitar-se escada abaixo. (Molnár, 1969, p. 21)

Correndo em busca de luz, de sol, de ar, os alunos mostram com seus corpos vivos, ativos, que não querem ser alunos empalhados, semimortos, alunos-esqueletos presos às tumbas escolares, sentindo no rosto o olhar frio do professor, tendo como única fonte de aquecimento um bico de Bunsen.

> O portão despejava um magote de meninos que se espalhavam metade à direita, metade à esquerda, tirando o chapéu à passagem de um ou outro professor. Depois se dirigiam para casa, cansados e esfaimados, pela rua banhada de sol. Como outros tantos escravos, libertos de repente, cambaleavam naquela abundância de luz e de ar, ao retomar contacto com a cidade viva, ruidosa, movimentada, essa mistura confusa de carros, bonde de burro, ruas e lojas, que eles deviam atravessar para chegarem em casa. (Molnár, 1969, p. 22)

Os fatos literários não são fatos cuja existência possa ser constatada de modo indiscutível. Contudo, a cena captada/inventada pelo escritor ilumina nossa maneira de pensar e avaliar a realidade. Escapar para o mundo literário – atalho para o real. A rua banhada de sol que o escritor fez acontecer com suas palavras não existe em lugar nenhum, exceto no âmbito do livro, letras impressas que precisam ser despertadas pela leitura – a menos passiva das ações. A rua irreal contrasta com a sala de aula não menos imaginária, da qual os alunos fogem apressadamente. Sobre esta fuga apressada (realíssima) o filósofo pensará.

Num de seus livros mais conhecidos, C. S. Lewis (1898-1963) faz um personagem perguntar, perplexo: "Céus! O que é que estão ensinando às crianças na escola?" (Lewis, 1997, p. 180). A verdade (a revelação) das mentiras (a imaginação) tem pouco espaço no espaço escolar. Disso se queixa o escritor. Disso se queixam todos os artistas. Pouco espaço para a criatividade, que não se deve confundir com falta de regras (o artista cria suas próprias regras em diálogo com as regras do jogo artístico), com pouco trabalho (o artista dedica-se de corpo e alma, horas seguidas, à sua produção), ou com hedonismo (o artista sofre as dores da criação).

Parafraseando Heidegger, que perguntava num importante ensaio ("Para que poetas?") quem se atreveria a considerar-se familiarizado com a essência da poesia (Heidegger, 2002, p. 317), o filósofo da educação pergunta quem se atreveria, hoje, a considerar-se conhecedor da essência da educação, vista como trabalho criativo e inspirador, e não simples transmissão burocrática de informações e saberes que parecem não fazer o menor sentido para os alunos. A pergunta decorrente é: para que professores? (Gusdorf, 2003).

O filósofo da educação preocupa-se com a essência da educação, tendo como pano de fundo as mudanças culturais e comportamentais. Vivemos num tempo em que aumenta o número de tecnômades, pessoas que se deslocam e, simultaneamente, trabalham/convivem/informam-se/divertem-se com o auxílio da tecnologia. Um tecnômade toma decisões pessoais e profissionais enquanto fala pelo telefone celular, andando na rua; dirige em cidades desconhecidas tendo como cicerone um navegador GPS e seus mapas digitais; ouve músicas, vê fotos e vídeos no iPod; conclui um relatório e o envia do saguão de um aeroporto graças ao *laptop*; leva armazenados no seu *pen drive* textos, sons e imagens que lhe serão úteis para diversas finalidades... Ora, não basta aos professores fornecerem velhas lições com algum tipo de "verniz" tecnológico. O que essencialmente educará o tecnômade para ser muito mais do que um sofisticado autômato? Em que medida a educação estética e a educação mesma como atividade estética poderão fazer com que esse tecnômade vença passividades intelectuais e morais que, paradoxalmente, o ativismo pode provocar?

A atividade estética, que se vale de tudo, inclusive da tecnologia mais avançada, como meio, ou material, ou tema – a atividade estética é mão invisível a penetrar em nossa intimidade, incutindo-nos sentimentos, provocando nossa liberdade, cutucando nossos preconceitos, sacudindo esquemas mentais enrigecidos, importunando nossos paradigmas e paradogmas. Ou, recorrendo às palavras de Herbert Read (1893-1968), que estudou a fundo as relações entre estética e educação, a arte "é o único instrumento que consegue penetrar nos recessos da alma" (Read, 2001, p. 316). O mesmo autor, em outro livro, observa que a atuação segundo o espírito artístico promove o crescimento vital, o desdobramento de aptidões interiores, a liberação da energia criativa "latente na estrutura humana" (Read, 1986, p. 109). Educação e arte são realidades que, integradas, viabilizam a missão educadora e dão alcance ainda maior à experiência estética.

Na obra de arte, escrevia a artista-educadora Fayga Ostrower (1920-2001), "se condensam diversos significados, até mesmo de sentido oposto (digamos alegria e tristeza), sustentando-se mutuamente ao integrarem a *complexidade coerente* de um conteúdo expressivo" (Ostrower, 2003, p. 96). E tal complexidade, união de contrários, harmonia viva de contrastes, vem ao nosso encontro para educar-nos, para ensinar-nos, por exemplo, que ouvir vozes não é loucura. É começar a aprender quem somos: centenas de projetos a desfilar diante de nossa consciência, à espera de nossas decisões criativas. Aprenderemos a conviver com a complexidade de que somos feitos, nós, "monstros incompreensíveis", como dizia, perplexo e fascinado, o pensador francês Blaise Pascal (1623-1662). Sejamos criadores ou co-criadores (contempladores ativos da arte, leitores ativos), tocamos a grandeza (e a dela inseparável miséria) humana.

CAPÍTULO VI

Educação e sentido

O sentido da educação

O filósofo da educação pergunta, com persistência, o que é educar, por que educar, para que educar, quem está apto a educar, como tornar-se apto a educar. Interroga-se e nos interroga sobre o sentido da educação, pois é o sentido que há de legitimar a arte, a tarefa de educar.

Anísio Teixeira (1900-1971), cuja inteligência, como definiu seu amigo Monteiro Lobato (1882-1948), fora lapidada por John Dewey e William H. Kilpatrick (1871-1965), raciocinava com aquele vigor e abrangência típicos da formação inicial que recebera dos jesuítas, a exemplo de outros pensadores, escritores e artistas ao longo da história, como um Descartes, um Voltaire, um James Joyce (1882-1941), um Luis Buñuel (1900-1983), um Heidegger, um Ortega y Gasset, críticos da própria formação recebida.

Inicialmente destinado à vida religiosa, Anísio tomou o rumo da política e, num terceiro momento, pôs inteiramente a serviço da educação "toda essa inteligência, com sua capacidade crítica e especulativa, e os instrumentos intelectuais que se forjou", palavras de Fernando de Azevedo num perfil que fez do educador (AZEVEDO, 1973, p. 133).

Apaixonado pela questão educacional, Anísio só via sentido numa nova escola que, de fato, formasse homens e mulheres livres, conscientes, responsáveis, inspirados pelos ideais da democracia, devidamente informados, atualizados, integrados aos avanços da sociedade industrial, capacitados a resolver seus próprios problemas. Esta escola atuaria como instrumento de reforma social, na medida em que alunos e professores abraçassem *projetos* comuns, com interesse autêntico, com iniciativa, em espírito de colaboração, tornando-se aptos a viver, e viver melhor.

Um de seus pressupostos filosóficos com relação à educação era o de que educar é um crescimento de dentro para fora, e crescer é viver. A criança, para crescer e viver, precisa participar ativamente desse processo dentro da escola. A teoria (em tese) produz a prática. A escola, "parte integrada da própria vida" (Teixeira, 2000, p. 64), não pode, portanto, confinar-se em si mesma, considerando ser sua principal função dar lições fixadas previamente pelos adultos, visando à cobrança da resposta certa, com a prerrogativa da coação intelectual. A essa escola, qualificada injusta ou justamente como "tradicional", Anísio e outros tantos seguidores do movimento escolanovista[35] opunham com energia uma escola renovadora, para educar as novas gerações de uma sociedade nova, a nova sociedade daqueles já longínquos anos de 1930.

"A finalidade suprema da educação escolar", afirmava Anísio, "é a de levar a criança à participação no sentido, nos valores e na conduta da sociedade a que pertence" (Teixeira, 2000, p. 75). Enfatizava ele a vida coletiva, os ideais sociais, o sentido social. Os estudos fazem sentido, então, se estiverem conectados a experiências vitais no meio social. Essas experiências dão sentido às noções aprendidas na sala de aula. As palavras "vida" e "educação" se aproximam, como no livro em que Anísio traduziu dois estudos de Dewey, *Vida e educação* (1930), e para o qual escreveu o prefácio, a favor de "uma vida melhor, mais rica e mais bela" (Dewey, 1975, p. 40).

[35] Ao qual estavam associados os nomes de Dewey, Kilpatrick, Pestalozzi, Decroly, Maria Montessori... cujas idéias eram assimiladas e difundidas no Brasil por educadores, literatos e intelectuais como Fernando de Azevedo (1894-1974), Afrânio Peixoto (1876-1947), Lourenço Filho (1897-1970), Edgar Roquette-Pinto (1884-1954), Raul Briquet (1887-1953) Mario Casasanta (1898-1963), Hermes Lima (1902-1978), Francisco Venâncio Filho (1894-1946), Cecília Meireles (1901-1964) e Paschoal Lemme (1904-1997).

O sentido social necessita ser individualmente apreendido. Por isso é importante, da parte dos professores, organizar inteligentemente atividades escolares que conheçam e contem com os impulsos, as tendências, os interesses, os talentos e as capacidades de cada aluno. Para que haja progressos e aperfeiçoamento. Num mesmo grupo de alunos há crianças com tendências diferentes, interesses díspares, capacidades e impulsos diversos. O importante é que cada um vá andando com seus próprios pés, pouco a pouco, compreendendo a função prática dos conhecimentos adquiridos, e, mesmo enfrentando naturais dificuldades, desenvolva atitudes e hábitos necessários para aprofundar por conta própria em temas e ciências que lhe pareçam úteis, e que o vinculem à vida social.

Publicada em 1934, esta *Pequena introdução à filosofia da educação* – na época intitulada *Educação progressiva (uma introdução à filosofia da educação)* – acalentava a esperança de que os princípios e procedimentos da Escola Nova paulatinamente se tornariam hegemônicos no prazo máximo de duas décadas, eliminando a organização do currículo em matérias, pondo em primeiro plano a intenção de aprender do aluno mais do que a intenção de ensinar do professor, substituindo (no plano didático) os imperativos lógicos pelas necessidades psicológicas, definindo a autoridade do professor como ação a favor dos interesses do grupo, concebendo a escola não como "preparação" para a vida, mas ela mesma, escola, como motor da democracia ("democracia" mais como conceito ético do que político).

A professora e poeta Cecília Meireles (1901-1964), que escreveu crônicas voltadas para o tema da educação em duas fases distintas e em dois jornais diferentes do Rio de Janeiro – *Diário de Notícias* (960 artigos, de junho de 1930 a janeiro de 1933) e *A Manhã* (entre agosto de 1941 e outubro de 1943, com a coluna "Professores e estudantes"), tinha essa mesma esperança, a convicção arraigada de que aqueles ideais seriam inevitavelmente transformados em realidade:

> Eu acho sempre muita graça nas pessoas que fazem certas críticas à Escola Nova, absolutamente como se a

> conhecessem, e com uma ingênua esperança de a poderem evitar.
>
> Não a podem evitar, não porque ela se queira impor, dogmaticamente, mas porque, pelo fato de corresponder à verdadeira necessidade da fase atual da vida, por não desejar mais nada que estar a serviço da própria vida, por se resumir em dar às criaturas aquilo de que possam carecer para a elementar função de existir, a Escola Nova é uma coisa invencível. (Meireles, 2003, p. 283)

A crença é a de que a escola precisa acompanhar o ritmo da vida. Da vida que, à luz do pragmatismo deweyano, e em consonância com adágios e aforismos imemoriais, *é escola.* Mas a antiga escola da vida já não dá conta das exigências da sociedade da máquina, do vasto mundo que os meios de transporte e de comunicação tornariam cada vez menos vasto (e cada vez mais complexo); já não dá conta de uma ciência que, mal ou bem, trabalha para solucionar nossos problemas econômicos e sociais. Daí a urgência de fazer da escola ela mesma instrumento de renovação, de redirecionamento das energias humanas, de abertura para conhecer com clareza e tolerância o "outro" ameaçador, alcançando as massas da vida contemporânea, contribuindo para criar o novo homem.

A educação faz sentido, estudar e aprender têm sentido, se estamos cientes desse sentido. Anísio refere-se a "coisas significativas", traduzindo o *meaning* inglês. Se a sua primeira formação intelectual, influenciada pela teologia católica, ensinara-lhe a buscar as últimas causas, o ponto de vista moderno, um tanto desdenhoso em relação à metafísica clássica (o que é uma perda), a filosofia que aprendeu na formação que procurou nos EUA indicou-lhe a necessidade de "penetrar no sentido íntimo e profundo das coisas" (Teixeira, 2000, p. 167), exercício de interpretação, busca do significativo, busca da compreensão e da lucidez, esforço para construir um sistema pessoal de valores e convicções mediante a experiência refletida. A filosofia torna-se, "como o queriam os antigos, a mestra da vida" (Teixeira, 2000, p. 169), até mesmo *nutrix* (Boécio, 1998, p. 9), aquela que nos alimenta, para usar a bela imagem de Boécio (c. 480-524).

A inquietação filosófica habita a mente dos melhores professores. Não é simplesmente possuir alguns conhecimentos, dominar uma "fatia" do saber, portanto, o principal traço definidor da tarefa docente, mas ter como disposição habitual estudar os problemas cotidianos, equacionar os desafios da vida real, avaliar e compreender o comportamento humano – e criar perante os alunos (e com os alunos) um ambiente propício para desenvolverem todos essa disposição.

Desejo e limites do aprendizado

Na visão de Anísio Teixeira, o professor é um estudioso da civilização, da sociedade, do ser humano – é, enfim, filósofo (Teixeira, 2000, p. 173). Um filósofo que há de nutrir outros filósofos. Atuando como observador atento e pesquisador incansável, o professor demonstra com o seu próprio agir como deve agir um estudante insatisfeito, insaciável. Eis a constatação deprimente de Fabiano, personagem de Graciliano Ramos, vista de modo positivo: "Se aprendesse qualquer coisa, necessitaria aprender mais, e nunca ficaria satisfeito" (Ramos, 2001, p. 24-25).

Para Fabiano, a insatisfação intelectual seria um problema a mais em sua vida seca, desumana, sem horizontes. Contemplando os seus filhos soltos no barreiro, sujos como porcos, e perguntadores, insuportavelmente curiosos, Fabiano, no entanto, repensa:

> Um dia... Sim, quando as secas desaparecessem e tudo andasse direito... Seria que as secas iriam desaparecer e tudo andar certo? Não sabia. [...] Livres daquele perigo, os meninos poderiam falar, perguntar, encher-se de caprichos. Agora tinham obrigação de comportar-se como gente da laia deles. [...] Fabiano sentiu vontade de comer. Depois da comida, falaria com sinha Vitória a respeito da educação dos meninos. (Ramos, 2001, p. 24-25)

A educação como promessa de dias melhores. Um "capricho", um "luxo", um acréscimo, porque primeiro vem a comida.

Primeiro, a luta pela sobrevivência, depois a arte de viver. Mas não basta sobreviver como bichos. A insatisfação é a sã loucura do animal humano. Sem essa loucura, o homem será tão-somente um "cadáver adiado que procria" (Fernando Pessoa).

Fabiano atinou com um elemento fundamental do conhecimento humano. A nossa perfectibilidade está associada à crescente ignorância. Quanto mais nos aproximamos de um tema a descortinar, quanto mais nos aprofundamos nele, mais descortinamos a nossa própria insuficiência. É essa a sensação experimentada pelo general Stumm, personagem de Robert Musil (1880-1942), ao entrar numa biblioteca imensa, que ele encara como um "hospício de livros" diante do qual começa a calcular a distância entre o indivíduo limitado e o infinito:

> [...] arranjei um cartão de freqüentador da nossa mundialmente famosa biblioteca da Corte, e, sob a orientação de um bibliotecário que se colocou amavelmente à minha disposição quando eu lhe disse quem era, me infiltrei nas linhas inimigas. Percorremos esse colossal tesouro de livros. [...] Como nosso passeio não acabava nunca, perguntei ao bibliotecário quantos volumes havia nessa biblioteca maluca. Imagine só o que ele respondeu: três milhões e meio de volumes!!! [...] Você pode dizer que não se precisa ler todos os livros. E eu respondo: também na guerra não se precisa matar cada soldado, mas cada um é necessário! Você dirá: cada livro também é necessário. (Musil, 1999, p. 73)

Ou a loucura ou a humildade. Na impossibilidade de saber tudo, de ler tudo, de estar informado sobre tudo, resta-nos (e não é pouco!) cultivar a sabedoria de saborear o possível. Ortega y Gasset explica magistralmente que, do ponto de vista pedagógico e filosófico, "em vez de ensinar o que, segundo um desejo utópico, deveria ensinar-se, é preciso ensinar apenas o que se pode ensinar, ou seja, o que se pode aprender" (Ortega y Gasset, 1999, p. 73).

Não se trata, sequer, do quanto *possamos* acumular. Em termos de quantidade informativa, um livro de cem páginas pode ser tão assustador quanto milhões de livros. A pergunta perplexa e irônica de Caetano Veloso (1942-), "quem lê tanta notícia?", feita há mais de 40 anos (bem antes do dilúvio da informação na vida virtual pós-1990), refere-se à quantidade de publicações amontoadas numa banca de jornais, mas também remete a outra pergunta: O que alguém faria com tantas notícias, ainda que pudesse absorvê-las todas? O tempo e as energias gastas para ler todas as notícias seriam o maior impeditivo para um mínimo de reflexão e algum tipo de ação. O escritor que, compungido, carregando o calhamaço de quinhentas páginas, pede perdão ao editor por não ter tido de tempo de escrever menos corresponde ao leitor que se sente culpado por não ter chegado à metade do mesmo livro.

Saber o que podemos aprender, ou o que podemos (e devemos) ensinar. Este limite é a chance de pôr em ação a nossa imensa capacidade mal explorada e, no entanto, capacidade sempre aquém de tudo o que utópica e idealmente poderíamos obter. Quando os antigos teólogos diziam que o ser humano é *capax Dei*, expressavam esta capacidade virtualmente infinita, abertura para o que nos transcende, ao mesmo tempo em que deparamos com o inacessível e inabarcável.

Educar e educar-se, nesse contexto, implicam formular pelo menos três perguntas: 1) o que precisamos/podemos saber; 2) "onde" encontrá-lo; 3) como compreender o que encontrarmos.

Pensemos na formação intelectual de um educador, mais particularmente um educador brasileiro. Já seria trabalhoso nos restringirmos à literatura pedagógica, e esta dentro dos limites da produção nacional, tendo em vista o crescimento vertiginoso a partir da década de 1990 na forma de livros, artigos, ensaios, dissertações, teses, textos na Web, fruto, em boa parte, da expansão dos programas de pós-graduação. Mas o educador não é aquele que só entende de educação, digamos assim. Exatamente pela importância de sua tarefa, sua formação requer mais.

Este "mais" é muito mais do que comumente temos e fazemos. É mais do que um resumo, um manual, uma apostila. Se cada livro é necessário, há livros estratégicos cuja leitura (e releitura) proporciona verdadeiros avanços na compreensão do valor de educar, para lembrarmos aqui o título de um livro do escritor

Fernando Savater (1947-), que não hesita afirmar comporem os professores "o grupo mais necessário, mais esforçado e generoso, mais *civilizador* dentre todos nós que trabalhamos para atender às demandas de um Estado democrático" (Savater, 1998, p. 112).

Conhecer os fundamentos da educação ocidental é um passo importante na avaliação dessa aventura que é educar-se e educar (e educar para que os educandos aprendam a educar-se). Precisamos poder conhecê-los. Decorre daí a segunda pergunta: "onde" encontrá-los, em que livros? Livros que poderíamos qualificar como imprescindíveis talvez não o sejam... até que um dia entremos em contato com eles, e deles façamos nossos imprescindíveis clássicos pessoais.

Dentre alguns títulos, é impossível não citar *Paidéia*, do helenista Werner Jaeger (1888-1961), obra publicada na Alemanha em 1936, mas, no Brasil, somente trinta anos depois. Obra exigente, erudita, confiabilíssima. Suas mais de mil páginas – seguindo a sugestão repleta de bom senso de Pierre Bayard sobre a arte de conhecer o conteúdo de um livro mesmo sem a leitura integral –, (Bayard, 2007) pelo simples fato de serem consultadas, fazem-nos pensar a educação como justificativa última de uma comunidade e de cada indivíduo nela inserido. À luz da experiência grega, observaremos nossa realidade educacional com perspectiva histórica, imunizando-nos contra idealismos baratos, pedagogias demagógicas ou falsas novidades.

É inspirador, por exemplo, ler a análise que Jaeger faz de Sócrates educador. Segundo a *paidéia* platônica, Sócrates é o verdadeiro educador, "o único homem que possui o conhecimento do *télos*" (Jaeger, 2003, p. 691), o mestre que consegue enxergar a norma suprema, no contexto da comunidade humana e para além dela; a esta norma o mestre se dirige e a ela adere com determinação e alegria, despertando nos discípulos o amor à sabedoria e a firme vontade de agir melhor.

A terceira pergunta (sobre o modo de compreender Jaeger, no caso) já está respondida. Não se trata de ler integralmente a obra, como se isto nos assegurasse *ipso facto* sua plena compreensão. O que é possível ler e como é possível ler a *Paidéia*? Se não podemos o que queremos, queiramos o que é possível – já nos ensinavam os antigos. A desejável leitura de cabo a rabo de uma obra fundamental como esta não deve inibir a leitura exeqüível. Contanto que captemos o essencial.

O essencial (no latim, *esse* é o verbo "ser") mobiliza o nosso interesse (também neste substantivo está imbutido o verbo *esse*). Aprender o possível não é aprender o restolho, não é contentar-se com menos, ou com qualquer coisa. Não bebemos de todos os rios, nem bebemos toda a água de um rio para matar a sede, mas beber um pouco de um rio (não poluído) é saborear o "ser" do rio e encontrar para ele um sentido no nosso contexto existencial.

O sentido ultrapassa a mera utilidade. O irreverente Calvin – personagem criado pelo cartunista Bill Watterson (1958-) – oferece-nos uma lição filosófica a esse respeito. A professora, Dona Hermengarda, deseja estabelecer um diálogo mínimo:

> – Alguém mais tem uma pergunta?
>
> – Eu tenho – Calvin levanta o braço.
>
> – Fale, Calvin.
>
> – Qual o sentido da vida?
>
> – Eu me referia a perguntas sobre o tema da aula.
>
> – Oh – lamenta-se Calvin. – Francamente, gostaria de saber essa resposta antes de gastar minhas energias em outras coisas.

A professora, talvez imbuída por algumas leituras de livros pedagógicos mais recentes, desejou estabelecer um diálogo mínimo com os alunos... sob a condição antipedagógica de que o aluno se ativesse ao "tema da aula"! Tema nem sequer mencionado...

A tentativa de Calvin para discutir uma questão limitada mas crucial, uma questão só, mas essencial e urgente, foi rapidamente abortada. Sua decepção, seu pensamento melancólico são uma crítica silenciosa à falta de profundidade da professora e à falta de relevância da escola. Porque a pergunta sobre o sentido da vida pode e deve aparecer em qualquer momento do aprendizado, mesmo que "outras coisas" pareçam ser mais necessárias e adequadas. Todo e qualquer professor, esteja em que ponto estiver do seu programa ou planejamento, deve encontrar-se preparado. Aproveitando as eventuais oportunidades de aprofundamento em "outros temas", preparado para encaminhar as energias do aluno e de todos para o que de fato interessa.

A busca de sentido para além da sala de aula

O sentido da educação não é a educação. O sentido está sempre *para além*. Transcende. E por isso confere significado. O sentido da educação dá aos educadores e educandos a certeza de que vale a pena dedicar-se às tarefas exigidas pela busca do conhecimento. Felicidade não traz felicidade. Só à primeira vista essa frase parece contraditória. A felicidade é a conseqüência de uma conduta, de uma interpretação, de uma atitude. Assim também com a educação. O que confere sentido à educação, e nos enche de entusiasmo, é conduzir-nos de certo modo, é interpretar de certa maneira os acontecimentos, os fatos, é cultivar certas atitudes.

O tédio nasce da falta de sentido; é a própria falta de sentido instalada. O tédio acarreta sofrimento indefinível, irrefutável. Porém, o que mais faz sofrer, no tédio, dizem os melancólicos, não é o sofrimento, e sim o próprio tédio. O sofrimento, no fundo sabemos, é conseqüência. Poderá desaparecer. Mas a condição de seu desaparecimento será o desaparecimento do tédio. E aqui reside a grande dificuldade.

O vazio (de projetos, de esperanças, de oportunidades) parece irremediável. O sentido da vida, no entanto, a ser descoberto individualmente sem ajuda de instruções ou manuais, poderá transformar o entediante em interessante. Uma equação matemática, uma questão gramatical, um período histórico a ser analisado, um problema de física são entediantes ou interessantes na medida em que não saibamos, ou saibamos, o porquê, o para quê.

Quando o vazio impregna tudo ao nosso redor, isolando-nos dos demais, daqueles que mais amamos, a maior tentação consiste em fugir. Fugir do tédio, porém, é a pior solução. O tédio pressupõe desejos ilimitados, grandeza de espírito, demonstra que jamais nos contentaremos com qualquer coisa. O escapismo nos priva de novas descobertas, da descoberta de novos sentidos. Evadir-se do tédio, lançando mão de expedientes que ajudem a não pensar, tão-somente adia o momento terrível em que, alimentado pelo auto-engano, o tédio voltará com toda força para devorar o que restou de nós.

Para além da sala de aula, um projeto coletivo será à primeira vista mais saudável do que as fugas vertiginosas do indivíduo (o uso de drogas, a fascinação pela velocidade, o apego desmedido ao prazeroso na alimentação, na prática sexual, o divertimento excessivo e superficial, etc.). Na década de 1920, Bertrand Russell (1872-1970) observava que, no "Japão moderno", e isto acontecia com outros países da época, impusera-se "a tendência a fazer da grandeza nacional o objetivo supremo da educação" (Russell, 1977, p. 26). A devoção à Nação substitui outras devoções mais ou menos nobres. Não o conhecimento pelo conhecimento, portanto, mas todo o conhecimento a serviço desse ideal.

Os riscos são evidentes. O ativismo e o dogmatismo se impõem, à semelhança do que ocorre nos fanatismos religiosos. O fanático religioso poderá livrar-se das drogas, por exemplo, mas sua nova "droga", sua nova vertigem o absorve igualmente e o escraviza sem piedade. No fanatismo religioso ou nacionalista, a dúvida, um certo distanciamento, ingrediente do pensamento livre, não poderá brotar. E, sem a dúvida, as próprias crenças e certezas deixam de ser autêntica conquista pessoal. O fanático religioso torna-se menos egoísta, dedica seu tempo e forças ao grupo, mas esse egoísmo grupal que o possui, revestido de abnegação, é tão ou mais nocivo.

O ego coletivo aniquila gradativamente os egos individuais, agigantando-se, porém, como somatório de egoísmos moribundos centrados num equívoco ainda maior, encarnado no culto ao Líder divinizado, a um conceito deformado de Deus, a uma Causa aparentemente inquestionável. O fanático nacionalista (e a situação piora nos países regidos pela teocracia) liberta-se do egoísmo com letra minúscula para integrar um Egoísmo soberbo, cultivando o ódio por outros países ou etnias, ou apenas a indiferença, ódio disfarçado.

Naquela mesma época em que escrevia Russell, décadas de 1920-30, começava Célestin Freinet, na França, um movimento educacional cujo sentido residia no trabalho. Dedicado às causas populares, à justiça social, concebeu uma proposta que promovia a libertação intelectual da classe operária, o que o levou a filiar-se ao Partido Comunista num primeiro momento e, mais tarde, desse mesmo partido se afastar. Sua filosofia de vida e sua pedagogia voltavam-se para a atividade consciente, dirigida por um projeto de libertação humana, social, política.

O aprendizado da leitura, entre outros, nutria-se da energia que esse projeto irradiava. Ler é procurar o texto necessário para agir, para mudar o mundo. A leitura como técnica de vida, "leitura-trabalho", dizia Freinet, em oposição à leitura "haxixe", alienante, que nos mergulha no sonho, na fantasia estéril... Mais do que brincar e divertir-se, a criança anseia trabalhar, construir realidades. E se a escola se transformasse numa espécie de canteiro de obras?

> Você acha, eu sei, que a expressão canteiro de obras, como a palavra trabalho, de que louvo a nobreza, está excessivamente carregada de penas, de sofrimentos e de sacrifícios injustos.
>
> No entanto, repare como os seus alunos, quando não estão sob a sua dependência, organizam canteiros de obra: para desviar o curso de um riacho, encher um charco ou apanhar peixes; para fazer uma praça forte de um monte de areia, construir uma aldeia de índios... Que entusiasmo, que empenho, que atividade! Não economizam trabalho nem suor! Chegam sempre até o limite das próprias forças, pois é da natureza humana ultrapassar-se... Até se esquecem de comer!... (Freinet, 2004, p. 103)

Sabendo que é "da natureza humana ultrapassar-se", o educador oferece como possibilidade de sentido, mais do que a valorização do trabalho (o trabalho dignifica, valoriza o homem...), oferece o trabalho mesmo como ideal concreto, acrescido da necessidade imediata das relações e da comunicação. Daí a criação do jornal escolar, daí a correspondência interescolar. Daí toda uma mentalidade voltada para a ação viva em que o ombro a ombro, a divisão das responsabilidades, o espírito de colaboração são condição *sine qua non.*

Além da leitura, a escrita-trabalho. A imprensa como instrumento pedagógico de comunicação foi a inovação mais interessante de Freinet. Não por acaso. Militante da causa proletária, bem sabia da importância das tipografias nas lutas operárias. Imprimir é trabalho manual que concretiza e difunde palavras, informações, denúncias, argumentos. A correção do idioma não é um capricho. Decorre da necessidade de informar bem. Estudar gramática fará sentido se o texto estiver a serviço de uma tarefa que a transcenda. A gramática pela gramática é veneração inútil. O dicionário, encarado como lista de palavras e acepções, é um livro que oprime e até deprime. Gramática e dicionário como instrumentos para uma imprensa escolar eficaz, isso é outra história. É repensar e reescrever a história.

Na construção coletiva dos textos, os alunos, sentindo-se redatores e impressores, deparam com a exigência (técnica e ética) da legibilidade. As falhas e imprecisões, as ambigüidades e confusões deixam de ser erros detectados por um professor vigilante, "policial", que protege a norma culta de toda e qualquer transgressão. Tornam-se obstáculos indesejáveis à plena comunicação. Já não é por medo de errar que se procura o acerto. O acerto faz sentido para que o trabalho termine a contento.

Com relação à matemática, valem os mesmos princípios. Para que servem os cálculos? O aprendizado clássico da matemática, abstrato e formal, deverá ser substituído por um ensino mergulhado na realidade concreta. Para um entorno camponês, como no caso de Freinet, os cálculos estavam enraizados em atividades como o cultivo, a pecuária, a comercialização. Problemas matemáticos nada "puros". Envolviam questões ligadas à quantidade de alimentação de coelhos e galinhas, à compra de sementes, à venda da colheita.

O conhecimento escolar não se encerrava entre quatro paredes. Reconhecia Freinet a necessidade de compreender para agir. O ensino científico se transformava em atividade técnica, e esta por sua vez qualificava o ser humano, incluindo-o social e politicamente. A fabricação de objetos úteis, a criação de animais, a horta escolar eram meios e ocasiões para a investigação coletiva e a coletiva organização. O ensino de história e geografia abandonava os tempos imemoriais e as terras inacessíveis. O ponto de partida: explorar o passado local, as granjas e usinas do local, a fauna e flora ao alcance das mãos e dos olhos. Este conhecimento próximo libertava (era este, ao menos, o propósito) o sujeito da sujeição.

Em suma, a escola, para Freinet, só tem sentido se colaborar na luta por um mundo melhor, em que as crianças tornam-se trabalhadores livres, com objetivos claros, convictos de que a cooperação é caminho para a instauração da justiça.

No entanto, por mais belas que sejam as intenções do educador, o sentido não se impõe aos outros. Ou a educação perderá de novo todo sentido. A inteligência dirige-se para onde lhe aponta o desejo. O desejo desperta a atenção, mantém a atenção em tensão. Uma tensão que não sobrecarrega. Nossos desejos mais fortes são aqueles que nos impelem para a busca de razões que a própria razão desconhece.

Se Freinet estivesse vivo, seria interessante ver sua reação à nova realidade comunicacional. Estamos na Idade Mídia, e é natural que os alunos levem para as salas de aula um dos atualmente mais difundidos instrumentos de contato interpessoal: o telefone celular. É possível, e desejável, proibir o uso do celular em sala de aula? Alega-se que o objetivo da proibição é manter a atenção do aluno fixa nas palavras do professor, como se essa atenção tivesse existido antes do telefone celular. Ou antes das histórias em quadrinhos. Ou antes do telégrafo. Ou antes da imprensa. Afirma-se também que o celular é usado para "colar"... como se este terrível crime fosse pecado recente.

Compreendamos as transformações culturais. Jovens e crianças que cresceram junto com as novas tecnologias encaram o telefone celular como extensão de seus corpos. Mais do que objeto, ele é "lugar" de encontro com os amigos e o entorno. Pelo celular conversam, namoram, com ele fotografam, nele escutam suas músicas preferidas, assistem a programas de TV, consultam os compromissos da semana, as horas... O celular-companheiro. O celular-ícone. Graças a ele, os adolescentes criam novo espaço social. De nada adiantará ao sistema educativo restringi-lo ou proibi-lo. Quanto mais proibição... mais desobediência.

Perda de tempo tentar exorcizar o demônio errado. Será mais proveitosa a criação de projetos que providenciem a inclusão digital de todos, particularmente a dos professores. Há professores que ainda não possuem internet em suas casas. Há professores que ainda não têm um endereço eletrônico!

E caberia aos professores, mais do que serem vigilantes da ordem e do silêncio, tomarem consciência da encruzilhada em que a nossa escola se encontra. A tarefa pedagógica, à luz do pensamento e das ações de Freinet, consistiria em transformar o telefone celular em instrumento e ocasião de aprendizado. O celular como pretexto para novos textos. O celular como objeto de estudo sociológico. Um concurso de fotos pelo celular mobilizaria a escola, a comunidade. Uma simulação criativa em que o celular figurasse como privilegiado instrumento de comunicação daria ensejo a se discutir uma ética (ou uma etiqueta?) do celular.

Que aulas fascinantes teríamos, se nós, professores (observadores, pensadores, filósofos), cientes dos novos formatos culturais, das novas linguagens e do mercado que modela nossos hábitos de consumo, ajudássemos os alunos a compreenderem com abertura de mente e espírito crítico a influência do telefone celular em nossa maneira de pensar/viver.

O exemplo, restrito mas significativo, é apenas um exemplo. Serve como indicação, porém, de como as idéias educacionais necessitam ser conhecidas, apreendidas e atualizadas, confrontadas com a realidade, com os novos panos de fundo, revisitadas com criatividade, analisadas à luz de nossa vontade de sentido. Ou o próprio estudo da pedagogia, da filosofia da educação, da história da educação, da didática... perdem todo o sentido para nós.

O problema fundamental não tem resposta pronta

Em anotações feitas no auge da Segunda Guerra, Antoine de Saint-Exupéry (1900-1944) considerava que, naquela hora urgente, era de vital importância combater a ameaça do nazismo, mas, assim que se salvasse o mundo do "Moloch alemão", voltaria à tona "o problema fundamental que é o problema do nosso tempo" – "o do sentido do homem" (Saint-Exupéry, s.d., p. 199).

O consagrado autor de *O pequeno príncipe* pouco se importava com a possibilidade de morrer durante o conflito. O compromisso assumido não permitia vacilações. Se sobrevivesse, porém, uma antiga pergunta antecipava-se em sua consciência: o que fazer pelo ser humano?

Não havia, não há e não haverá respostas prontas. É uma questão aberta. É um desafio para cada nova geração. Por não haver saídas pré-moldadas, espreitam-nos grandes perigos. Podemos cometer erros, podemos nos enganar. Boas intenções são insuficientes para nos proteger de nossas limitações e claudicações. E o filósofo da educação compreende esta pergunta no contexto próprio: o que fazer *educacionalmente* pelo ser humano?

Em primeiro lugar, corrigirmos uma falha que tem se verificado no interior da própria categoria docente. Os pesquisadores da pós-graduação que, em princípio, teriam como uma de suas tarefas mais importantes levar informações, orientações, sugestões e reflexões aos professores do ensino fundamental e médio, limitam-se muitas vezes a discorrer sobre suas próprias dissertações e teses, nem sempre vinculadas à realidade educacional. Talvez essas dissertações e teses sejam o sentido da vida dos mestres e doutores que as produziram... mas pouco ou nada representam para os outros. Quantas pesquisas de ponta não apontam para a realidade... e por isso nos desapontam!

Em segundo lugar, renunciarmos à arrogância de dar (ou vender!) receitas mágicas e fórmulas milagrosas. A acreditar no potencial salvador da educação (Naranjo, 2005), o verdadeiro milagre é ver uma pessoa procurando por si mesma soluções adequadas *hic et nunc* para problemas individuais e sociais, é ver um estudante procurando por si mesmo o sentido da pesquisa, ver um professor procurando o sentido do trabalho docente, ver uma pessoa procurando sua razão de ser no mundo. Ao experimentarem essa aventura da busca de sentido, os professores saberão deixar seus alunos descobrir que eles também, a exemplo dos seus mestres, terão de buscar por sua conta e risco o sentido do estudo, do trabalho, da vida.

Em terceiro lugar, voltarmo-nos, cada um de nós, de maneira clara e persistente, para esta busca fundamental. Sem recair no individualismo, no egocentrismo, mas entendendo que a busca pessoal, graças à convivência, influencia e estimula os outros.

A melhor forma de aprender, segundo Kant, é aprender por si mesmo (Kant, 2002, p. 70). Na busca do sentido da vida todos somos (deveríamos ser) autodidatas, ou viveremos sentidos "de aluguel", constantemente ameaçados pelo despejo. O autodidatismo, no entanto, exige o exercício da liberdade criativa, a capacidade intransferível de escolher e assumir as próprias escolhas. O autodidata, afirma um verbete irônico-poético de Mario Quintana, é o "ignorante por conta própria" (Quintana, 2005, p. 503). Sabedoria deste poeta. Ensina-nos (mostra-nos, como quem não quer nada) o caminho inseguro, mas autêntico. Caminhante, não existem caminhos ideais, rodovias e ferrovias perfeitas, rotas infalíveis. Ignorante, o caminho do conhecimento deve ser aberto sem a falsa certeza de que tudo dará certo.

Se *connaissance* (conhecimento), relembrando a intuição de Paul Claudel, é *co-naissance* (co-nascimento), conhecer significa nascer à medida que abrimos o caminho do conhecimento. Nascer e renascer como seres humanos ao longo do caminhar. Caminhar é perigoso. Descobrir o sentido da vida no próprio viver é perigoso, e necessário. Porque até o fim do caminhar continuaremos o processo da descoberta. Que a morte é a outra metade da vida, como dizia o poeta Rilke (1875-1926), talvez seja a última descoberta que cada um terá de fazer pessoalmente, sem direito a apoiar-se na experiência de ninguém mais.

Renunciar à busca do sentido da vida é mais perigoso do que empreender essa busca. Ir em busca do sentido, apesar das dificuldades a enfrentar, é já um encontro da consciência com a sua própria capacidade. O filósofo polonês Leszek Kolakowski (1927-) conclui um de seus livros argumentando que é plausível haver um sentido, ou sequer conseguiríamos pensar numa ausência de sentido. E há ainda um outro argumento, ou melhor, uma constatação: quando admitimos e atualizamos nossa capacidade de buscar um sentido, experimentamos, *aqui e agora*, certo prazer, saboreamos a antecipação dos frutos.

Recorro a uma analogia. O exercício físico libera no nosso cérebro as endorfinas, neuromediadores ligados à segurança em si mesmo, ao prazer, à auto-estima. A atividade existencial, esse caminhar em busca de motivos para viver, libera "mediadores espirituais" que nos fazem sentir mais confiantes (apesar dos pesares). Essa atividade, que requer a consciência desperta, uma certa dose de coragem, torna mais desperta a nossa consciência, aumenta-nos a própria coragem de existir, incentiva-nos a continuar procurando. A educação, na família, na escola, na sociedade, dá um pequeno "empurrão". Cabe-nos assumir, com os próprios pés, o caminho pessoal.

O médico e psiquiatra vienense Viktor Frankl (1905-1997) refletiu longamente sobre a sede de sentido que caracteriza o ser humano. Numa conferência proferida em 1968, no XIV Congresso Internacional de Filosofia, em Viena, Viktor Frankl via como imprescindível...

> que a educação não se limite a transmitir conhecimento, mas também dedique seus cuidados ao refinamento da consciência, a fim de que o homem adquira acuidade suficiente para perceber em cada situação concreta o desafio da exigência nela presente. (Frankl, 1990, p. 19)

Vislumbramos assim o sentido da educação. A educação como tarefa que nos ajude a querer buscar o sentido da vida. Educar (e educar-se) como parte fundamental dessa busca. Não há apostilas nem instruções detalhadas. Nenhum professor ou professora poderá dizer aos alunos o que é o sentido da vida. Poderá, contudo, dizer-lhes com veracidade e entusiasmo que *a vida tem um sentido*, e que este sentido, ausente das páginas dos dicionários, inencontrável nos livros de filosofia, está latente nas entrelinhas da própria existência.

A educação que nos alfabetize para ler o sentido da vida nas circunstâncias concretas do cotidiano de cada um de nós. A educação que nos apure e fortaleça a capacidade de avaliar a obviedade, o rotineiro, os fatalismos, os clichês, os comodismos, os convencionalismos. A educação que nos livre do analfabetismo existencial, confiando em nossa decisão de prosseguir sozinhos, embora sempre ombro a ombro com os nossos "dessemelhantes", como escreveu, em certo poema, Carlos Drummond de Andrade.

CAPÍTULO VII

Educação e humor

Contra o humor não há argumentos

"O dia mais desperdiçado", escreveu Chamfort (1741-1794), "é aquele no qual não demos uma risada" (Chamfort, 2007, p. 28). De fato, a risada, o riso, o sorriso, a gargalhada são manifestações (diferentes) de algo muito sério: o senso de humor. Aproveita a vida, em sentido filosófico, quem se dá conta (e se surpreende, e ri) das ambigüidades, dos absurdos, dos contra-sensos, dos paradoxos, das contradições, do que há de ridículo, limitado, em suma, o que há de *humano*, em si e nos outros. Nietzsche sabia que, fazendo-nos rir por um instante, Chamfort fazia-nos refletir por muitos outros (Nietzsche, 2005, p. 115).

A ciência, a religião, a pedagogia... dão pouco espaço para o humorístico, o que não deixa de ser uma boa piada. A função crítica do humor é imbatível. Talvez por isso o medo silencioso, a distância prudente ou mesmo a reprovação explícita que as pessoas "sérias" (cientistas *tout court*, cientistas da religião, cientistas da educação...) fazem às irreverências, aos trocadilhos jocosos, às brincadeiras inconvenientes, aos ataques satíricos, sempre fora de hora...

O humor é instrumento filosófico utilíssimo porque abre atalhos mentais. A expressão "entender a piada" mostra que estão em jogo a análise, a dedução, a indução, a compreensão, a imaginação, a capacidade de interpretar. O ouvinte da piada, para rir, precisa abrir os ouvidos da mente. Atribui-se a Wittgenstein a idéia de que "um bom livro de filosofia poderia ser composto todo ele por piadas".

E já ouvi a seguinte historieta – o filósofo Henri Bergson (1859-1941), que atuou como professor, divulgava as notas com uma pitada de bom humor, vendo essa tarefa, tão rotineira, *sub specie theatri.* Começava pelas mais baixas:

> – Pierre, nota 2. Quero destacar, no entanto, que suas respostas foram muito originais. Algumas têm um toque de ironia que me lembrou nosso Voltaire. Parabéns! Apesar de não corresponderem ao conteúdo pedido, suas considerações paralelas, errando o alvo, acertaram em cheio uma bela árvore. Pense em desenvolver o seu estilo literário, Pierre. Você deve ter um grande poeta escondido em sua pena. Mais uma vez, meus parabéns!

E assim fazia, prodigalizando elogios e incentivos para os "fracassados". À medida que chegavam as notas mais altas, mudava o tom de voz, distribuía críticas. Os primeiros colocados ouviam coisas assim:

> – Charles, nota 10. Entristece-me, porém, o modo como respondeu às questões. Acertadamente, sem dúvida, mas sem um mínimo de reflexão. Não posso recriminá-lo pelas informações precisas e pela correção gramatical. Lamento, contudo, que sua memória seja mais prodigiosa que sua imaginação. Esta sua vitória é a vitória dos que já sabem. Fica a minha esperança de que este sucesso não o afaste da busca da verdade, sempre mais arriscada!

Bergson colocava em prática o que lemos em seu livro *O riso*, uma disposição para entender a comicidade de modo prático, conhecê-la mediante "longa camaradagem" (Bergson, 2001, p. 2). Encerrar o humor em definições rígidas é trair o conceito do humor em sua essência. O que não implica abrir mão da inteligência e da análise rigorosa. Mais ainda, é a inteligência que nos faz rir... e rir, por vezes, da nossa própria inteligência, sujeita a tropeços.

Rir é dever intelectual. Devemos rir, ou chorar, do próprio teórico do riso quando, ao longo de suas considerações, pergunta ele "por que se ri de um negro", pois a "coloração negra" não é inerente à pele, assemelha-se a um disfarce, a pessoa se lambuzou de tinta ou de fuligem... (Bergson, 2001, p. 30). O filósofo capturado por seu racismo, mais ou menos inconsciente.

Aliás, o melhor antídoto contra os racismos e outros tipos de cegueira intelectual é rir do preconceito sem graça, que nos espreita fora e dentro de nós. Rir, como naquela passagem do *Auto da Compadecida*, em que João Grilo depara com um Jesus Cristo negro e, temendo ofender o Senhor, mas sem conseguir ocultar a surpresa desagradável, diz, com um eufemismo, que o imaginava "menos queimado" (Suassuna, 2005, p. 125-127). Cristo aproveita a divina ocasião para criticar: "Você pensa que eu sou americano para ter preconceito de raça?" (E é engraçado igualmente ver o próprio Cristo cometer o pecado da generalização, esquecendo os muitos norte-americanos que combateram e combatem o preconceito.)

Se a palavra "educação" faz algum sentido é o de mostrar a pluralidade de perspectivas que podemos adotar perante a sociedade, perante a vida, perante nós mesmos. Podemos aprender a olhar o mundo a partir de ângulos diferentes, divergentes, contrastantes, o que nos livra dos binarismos limitados, dos simplismos, dos reducionismos, dos utilitarismos. O humor é um ângulo privilegiado, que nada tem a ver com o deboche e a zombaria. O humor, nesse sentido, é um ato prudente, entendendo-se prudência como "virtude visual".

Prudência, antevidência, vidência, clarividência. Está muito longe da onividência, atributo divino, mas almeja a multividência, a abordagem versátil do real. O prudente ri. Ri porque evidencia aspectos inusitados da realidade. Não coloca minhocas na cabeça... mas tem sempre uma pulga atrás da orelha. E por isso acerta na mosca!

A falta de humor nasce do apego às rotinas e esse apego fortalece a falta de humor. Fazer do rotineiro uma finalidade é dar fim ao humor. Educar no caminho exclusivo da rotina desencaminha o caminhante.

Sem destruir a rotina totalmente, dela não falemos tão mal, convém quebrá-la. Quebrá-la com a força do humor. O humor nos ensina a brincar, a mudar de posição. Não chega a ser engraçado, mas é curioso: se transformarmos o *t* da palavra "rotina" em outro *i*, podemos, com as letras disponíveis – *r, o, i, i, n, a* –, montar a palavra "ironia", dinamite da rotina.

A rotina tem argumentos poderosos, tem sua eficácia e dela se vangloria. A rotina promete o sucesso, a vitória sobre a preguiça, promete organizar o caos. Mas contra o humor não há argumentos. O riso, a seu modo, também vence a preguiça, também organiza o caos, e também leva ao sucesso. E tudo isso faz com os pés nas costas.

Os professores costumam resistir à quebra da rotina escolar, desse conjunto de rituais e regras que organiza o dia-a-dia de crianças e jovens entre os muros da instituição. Idealmente, a rotina ensinaria tudo, todos saberiam o que fazer, e quando, e onde, e como, mesmo que o porquê não estivesse muito claro. A instauração intransigente da rotina sem humor, sem quebras, favorece uma terceira via, esta sim desviante: a rebeldia. E uma quarta, desestruturante: a apatia.

A educação humorística

A educação humorística é humanística. O riso concede à rebeldia uma chance de criar e não apenas contrariar por teimosia, discordar por princípio e ofender com raiva. Um modo humorado de pensar ajuda o rebelde a disciplinar sua indisciplina, encontrando formas /ó/ de romper as formas /ô/, sem se despedaçar junto com estas.

Fazendo, fazemo-nos. Criando, criamo-nos. Praticar o humor crítico torna elegante a nossa rebeldia, afina a nossa criticidade. O talento para a abordagem crítica pode degenerar em violência verbal e em algo pior. Embora cachorro que ladre não morda... a violência verbal pode tornar-se agressão física. A menos que saibamos desenvolver intelectualmente esse talento para a crítica. Incluindo o ingrediente humorístico! Participaremos então daquela imensa minoria de pensadores que, filósofos do riso, elogiando a loucura para dela se libertarem, terminam por ampliar e aperfeiçoar nossa consciência crítica. Estes pensadores, nos seus melhores momentos, atingem o universal, como nesta "Nota social" de Millôr Fernandes (1923-): "Ontem, como sempre, a Incompetência almoçou com o Esnobismo, a Mordomia jantou com a Fartura, e o Oportunismo foi pra cama com a Luxúria" (FERNANDES, 2002, p. 394)." Ontem e sempre, hoje e amanhã, aqui e acolá.

O rebelde, a quem falta boa dose de humor, não transcende o seu tempo, não ultrapassa os problemas locais, encontra-se preso ao presente, nele se sente e se fecha como num beco sem saída. Não raro, se vitorioso em seu intento imediatista, demolindo o que tem ao redor, assume o papel do autoritário ou da autoridade que odiava e combatia. Na verdade, antes de obter algum tipo de poder, preexiste em muitos sujeitos rebeldes um verdadeiro autoritário, ansioso por libertar-se do domínio dos outros, secretamente desejoso de dominar os demais. O provérbio árabe em forma de pergunta – "Você quer pegar as uvas ou... matar o guarda?" –, referindo-se àquele que já obteve o que queria mas depois se empolga e vai longe demais, censura o ladrão imprudente: afinal, a sua rebeldia é assassina ou você procurava algo um pouco mais elevado?

Nada impede, porém, que, roubadas as uvas, o guarda ainda receba pelo menos uma pedrada no meio da testa, pois algum tipo de punição, por ser guarda, ele merece! O humor não poupa nada e ninguém. O humor, sim, é rebelde. Mesmo entre amigos pode haver a troca de algumas farpas, risco de cairmos no excesso, de usarmos o riso como arma da nossa pusilanimidade, segundo Thomas Hobbes (1588-1679) (HOBBES, 1983, p. 36). Nos seus comentários ao humor como um tipo de agressão, o psicólogo Steven Pinker (1954-) registra algo que todos já vimos e nos escandalizou, talvez: "É comum as crianças rirem histericamente quando outras se machucam ou sofrem algum infortúnio" (PINKER, 1999, p. 572).

O riso associado a atitudes agressivas, como nos faz ver também o naturalista Konrad Lorenz (1903-1989) (LORENZ, 2002, p. 172-173). Lorenz observava no ser humano uma inclinação inata à agressão, algo espontâneo e difícil de erradicar. Mas nós tentamos evoluir. Tentamos educar nossos instintos. Procuramos humanizar o rugido ameaçador, o urro da fera, transmutando-o em gargalhada. A hostilidade está presente na "máscara" da piada mal ou bem contada. Certamente, ninguém gosta de ser alvo do riso maldoso, objeto da gargalhada alheia, mas ainda é melhor isso do que ser estraçalhado fisicamente pela dentadura alheia. E, de mais a mais, se a gargalhada é *com* e não somente *contra* alguém, podemos aprender a sutil arte de rir de nós mesmos e partilhar o nosso ridículo com o grupo a que pertencemos.

Humor como ataque mais ou menos civilizado, e como defesa. Por exemplo, Oswald de Andrade, no verbete "Loyola" do seu *Dicionário*, criticava com frase certeira o santo espanhol Inácio de Loyola e todo o projeto religioso, educacional e político dos jesuítas: "Má companhia de Jesus" (Andrade, 1990, p. 54). Ora, quem lança pedras, injusta ou injustamente, está sujeito a ser apedrejado. O mesmo Oswald, para defender-se dos vigilantes dos bons costumes que o recriminavam por ter se casado várias vezes, usava o humor como escudo eficaz: "Sou um modesto Henrique VIII"...

Educar com humor e educar o nosso senso de humor, por outro lado, põe em xeque a passividade do apático. (E não me refiro apenas ao aluno apático. Docentes apáticos, aliás, geram alunos... rebeldes.)

Se a rebeldia nos expõe ao combate, a apatia, de certo modo, nos protege da dolência, do sofrimento. Um professor que, sem falsos pudores e sem arrogância, considere o humor como instrumento pedagógico, como tempero do aprendizado, conseguirá que a linguagem chistosa penetre na imaginação do apático e o acorde do sono confortável do não-pensar (pensar às vezes dói...). Situações improváveis, imagens absurdas, combinações insólitas de idéias sacodem a mente sonolenta, hão de despertar o aluno, lembrá-lo, indiretamente, de que precisa cumprir um dever para consigo mesmo, um dever que eu chamaria de *desopilação intelectual*.

Kant refletia bastante sobre essa questão: os deveres que o ser humano tem para consigo mesmo. Devemos, dizia ele, cultivar nossos talentos, nossas capacidades. Predispor-se a aprender é um desses deveres (Kant, 2003, p. 283-289). A apatia mergulha a inteligência no torpor. O *torpor mentis* bloqueia-nos, e precisa, portanto, ser identificado e superado.

É dever para comigo mesmo desopilar-me, desobstruir-me. Achar graça de algo, mesmo da desgraça, produz lucidez, distanciamento necessário para retirar algum benefício das perdas. Quem ri seus males espanta, poderíamos dizer, parafraseando o famoso dito popular. O riso é uma forma de cantar. É um antídoto para a melancolia e o desinteresse.

Famosa também a lenda segundo a qual Demócrito de Abdera (460-371 a.C.), vítima de um temperamento impaciente e irritadiço, tomou a decisão de rir diariamente, de pensar em coisas risíveis, de constatar uma e outra vez a engraçadíssima estupidez humana. Ou isso ou amargurar-se pelo resto da vida. Amargurar-se, percebeu o pensador, é não só algo inútil mas terrivelmente autodestrutivo. O riso abriga a decepção perante a realidade, há lamento e desilusão aí guardados, mas o aspecto afirmativo reside na disposição que o filósofo grego adotou de não renunciar à vida e ao pensamento. O riso como atitude vital, como opção intelectual e existencial.

E haverá maior contradição, maior decepção do que a morte? O humor, no entanto, sem medo de pisar no solo sagrado do cemitério, vai encontrar em epitáfios divertidos o prazer estético-intelectual que ressuscita da apatia quem desejava fugir do pensamento sobre temas funestos. Passeando de túmulo em túmulo, encontra frases literalmente definitivas. Na lápide do espírita: "Volto já!". Na do arqueólogo: "Enfim, fóssil!". Na do ecologista: "Entrei em extinção". Na do viciado: "Enfim... pó!". Na do hipocondríaco: "Não falei que eu estava doente?". Na do pessimista: "Aposto que está fazendo o maior frio no inferno". Na do humorista: "Isto não tem a menor graça".

Pensar faz rir. Rir faz pensar. *I think, therefore I laugh: the flip side of philosophy* é o título de um livro do professor de matemática John Allen Paulos (1945-). O lado impertinente do pensamento revela sua pertinência e relevância para além da lógica.

Pequenas histórias, parábolas, contos são fundamentais para essa descoberta. A razão narrativa analisa os tropeços da lógica, tão segura de suas premissas e conclusões. Ver a lógica em sua finitude liberta o pensamento, provoca a criatividade. Fábulas e contos engraçados abrem-nos caminhos mentais, ainda que, sempre tão preocupado e zeloso, mestre Kant considerasse prejudicial, especificamente no caso das crianças, a leitura de histórias que alargassem ainda mais a já potentíssima imaginação infantil (Kant, 2002, p. 69).

John Allen Paulos conta nesse livro a história de um professor de lógica, famoso por sua capacidade de analisar toda e qualquer situação, por mais complexa que fosse. Certa noite... numa festa acadêmica, seus alunos conceberam um plano maligno: fazer o mestre beber mais vinho do que estava habituado. Vencido pelo sono da embriaguez, foi levado pelos estudantes para o meio do cemitério. Deixaram-no em cima de um túmulo, e desapareceram. Horas depois, quando acordou, sua mente lógica começou a trabalhar intensamente: “Bem, só existem duas alternativas. Ou eu estou vivo, ou estou morto. Se estou vivo, que diabos estou fazendo aqui? E se estou morto... por que esta vontade louca de fazer xixi?”(Paulos, 2000, p. 14-15).

Por uma pedagogia do riso

Quem ri seus males espanta e, ao mesmo tempo, pensa melhor – realiza nexos até então inviabilizados pela seriedade de um ou dois hábitos mentais dominantes. A educação humorística é um relaxante sem efeitos colaterais. Eliminando tensões e ansiedades, provenientes do falso ideal de domínio (dominar a realidade, dominar a palavra, dominar o raciocínio, dominar os outros), conseguimos reler o mundo, escapar da mesmice, descortinar possibilidades.

O filósofo da educação pensará numa pedagogia baseada no elogio do riso, para seguirmos a indicação de Jorge Larrosa (1958-) (Larrosa, 2004, p. 167-182). Em geral, a pedagogia ri pouco. O riso está proibido, ou nem isso. Ignorado. Marginalizado.

Como se não fosse tema a merecer atenção, ou, pior, como se o riso somente atrapalhasse os métodos, objetivos, projetos e planos. Muitos pensadores da educação assumem ares de grande seriedade, e criticam os intoleráveis intolerantes, os insuportáveis dogmáticos, os autoritários, os ditadores. Mas são eles mesmos, desse púlpito pedagógico pretensamente inatacável, a desempenharem o papel de ditadores, autoritários, dogmáticos insuportáveis e intolerantes intoleráveis. E até riem, com aquele sorrisinho de superioridade que mal disfarça o quanto são ranzinzas.

A implicante linguagem pedagógica, por exemplo. Típica, respeitável, de certo modo coerente, a preocupação que tem o pedagogo de escrever pedagogicamente, com responsabilidade, defendendo certezas e apoiando-se em muitas citações de rodapé, como as que faço aqui (já superei as 140 citações... isso é que é livro sério!).

No entanto, ensinar é uma coisa... o resto é pedagogia. Esta frase escrevi num artigo, certa vez, com a leveza de quem não quer nada, o que me rendeu, dias depois, o *e-mail* de uma professora:

> Caro professor, tem circulado entre nós um texto seu, bastante interessante, que trata da questão do aprender a aprender, que sempre foi uma grande preocupação dos educadores conscientes e responsáveis por seu trabalho. Todavia, apesar do interesse e da oportunidade das palavras do autor, uma questão causa estranhamento. Por que você, após palavras tão significativas e instigadoras, termina seu texto afirmando: "O resto é pedagogia?" O que você quis dizer com isso? Gostaria que me explicasse melhor. É possível?

Sutil mas significativo "puxão de orelha" no autor. A irreverência causa estranhamento. Respondi-lhe, dizendo que me inspirara em Paul Verlaine, poeta do século XIX, autor de *Art poétique*, poema cujo último verso sempre me causara estranheza também: "*Et tout le reste est littérature*". E o resto é literatura... Ora, se tudo o mais é apenas literatura, o que ele, poeta, estava fazendo lá? Poesia, por acaso, não é literatura?

Outro verso: "*O qui dira les torts de la Rime!*" – ó, quem poderá descrever todos os males que a rima traz! Mas então por que o poeta, nesta mesma estrofe, rimou "rime" com "lime"? Que contradição!

Mas nem tanto assim. Verlaine queria dizer uma só coisa: o importante era fazer poesia sem literatices, sem apego às modas. O resto é literatura, o resto é eloqüência barata, vaidade, palavrório. O resto é falsa literatura, falsa poesia. Há outro verso no poema de Verlaine – "*Prends l'éloquence et tords-lui son cou!*" –, verso terrível: vamos pegar a eloqüência e torcer-lhe o pescoço! Vamos pegar a pedagogia, este blablablá e este lero-lero que nada ensinam, que nada dizem, que nenhuma atenção merecem... e torcer-lhe o pescoço!

Pedagogês, em suma, linguagem que se deseja culta, e afinal oculta as verdades da educação. Em linguagem rebuscada, deixa de enfatizar a única coisa necessária: que o aluno saia da escola plenamente alfabetizado, capacitado para estudar o que bem desejar, ou o que muito precisar.

Detectando limites e insuficiências, o humor abre atalhos, descobre regiões novas a explorar. A estupidez humana, a nossa estupidez, consiste em negar o que não compreendemos, desprezar o que os nossos três ou quatro critérios não aprovam como digno de existir. Chamamos de "absurdo" algo que não compreendemos, quando deveríamos verificar se não estamos surdos... e por causa disso não compreendemos o discurso da realidade.

E é uma bela lição compreender que somos incapazes de compreender uma infinidade de fenômenos! Não confundamos estupidez com ignorância. Não saber algo e ter a viva consciência de algo não saber configura um ato de sabedoria. Sábia ignorância que permite aprender. Quem supõe tudo sobre o que quer que seja nunca poderá aprender coisa alguma.

Para sermos benevolentes conosco, a estupidez é sinal de imaturidade, porque ainda não atinamos com as limitações da inteligência; enxergá-las, em contrapartida, seria vislumbrar o que está para além dessas mesmas limitações.

Montada sobre o cavalo da arrogância, capaz de percorrer quilômetros em direção a lugar nenhum, a nossa estupidez precisa cair da sela. Essa queda será engraçada. O professor de lógica não consegue formular uma terceira alternativa. Não consegue ver uma terceira margem do rio. Não admite uma terceira causa que explique sua bizarra situação no meio do cemitério. Nem morto nem lúcido, o professor ficou bêbado, e enfrentará agora uma tremenda ressaca!

O fracasso tem muito de revelador, se soubermos rir ou sorrir quando ele se impuser. Precisamos fracassar, como repete em suas entrevistas irônicas o irônico dramaturgo Antônio Abujamra (1932-). Precisamos fracassar para crescer, para aprender, para repensar. O maior fracasso não é fracassar. O pior fracasso é o daquele que, ao tropeçar e cair, revolta-se contra si mesmo ou contra o mundo, e vai se esconder de todos para lamber as feridas abertas do infortúnio – e as lambidas ressentidas impedem a cicatrização, o aprendizado.

O filósofo e professor austríaco Paul Watzlawick (1921-2007) gostava de contar historietas que ilustrassem o nosso comportamento. Ilustrar é tornar claro, é jogar luzes. Contava ele a anedota do bêbado que, à noite, sob a luz de um lampião de rua, procurava algo no chão. Aproximou-se um policial e lhe perguntou que objeto buscava tão intensamente: sua carteira, uma caneta... "Não, minha chave", respondeu o bêbado. O solícito policial se dispôs a ajudá-lo, mas de repente levantou a questão: "Escuta, você tem certeza de que perdeu sua chave exatamente aqui?" E o bêbado, com muita seriedade, respondeu: "Não, foi mais adiante, mas lá está escuro demais" (Watzlawick, 1984, p. 16).

Procurar a chave no escuro exigiria uma lanterna. Mas na falta de outra fonte de luz, serve o lampejo do humor. A chave que abra as portas do conhecimento. E certamente não bastará encontrá-la se o bêbado (não bastasse a bebedeira!) estiver perdido, longe de casa.

Mas onde procurar uma pedagogia do riso senão sob a única luz de que dispomos? Não está acolá, não está ali. Onde estará essa pedagogia que desate, desencadeie, liberte nosso pensamento? Estará aqui?

Não muito longe. Pequenos filósofos, os alunos menores, as crianças que mal aprenderam a ler são sábios iletrados, humoristas ainda não adulterados pelo nosso adultismo. Poderão eles, talvez, nos ensinar a aprender.

Os adultos que apreendem artisticamente o poder revelador do riso, inspiram-se não poucas vezes na visão infantil, como naquela tira do humorista gráfico Quino (1932-), em que se capta uma situação de sala de aula. A professora (não desenhada) pergunta a Miguelito (também fora de nossas vistas): "Miguelito, quem são os nossos antípodas?" Do fundo da sala, Miguelito responde: "Os japonésidos!" A professora, furiosa, rebate: "Nota zero para você, seu estúpido!" E o aluno criativo não deixa por menos: "Antipátida!!" (Quino, 1990, p. 213).

Mais do que os japoneses, a grande antípoda/antipátida/antipática na geografia desta aula é a professora, que não cultiva a empatia com o estudante criador de neologismos. Hostil a improvisos e surpresas, a professora mal-humorada dá nota zero para Miguelito (se é que zero pode ser nota...). Este zero espelha-se nos rostos perplexos dos outros cinco alunos, os únicos personagens que aparecem na tira, e retorna como qualificação negativa para a própria professora. Antípoda mesmo é esta pedagogia sisuda em relação aos alunos.

Humor, exercício de linguagem. Assim o praticava Ambrose Bierce (1842-1914?), inquieto jornalista norte-americano que, antes de dedicar-se à arte de escrever, trilhou uma carreira militar agitada. Não morreu por um triz, na Guerra da Secessão, depois de baleado na cabeça, o que certamente alterou sua maneira de interpretar o mundo. Sua fama deve-se ao estilo demolidor e cínico dos artigos que escrevia. Amigos e inimigos o qualificavam como homem amargo: Ambrose *Bitter* (amargo) era o seu apelido. E ele concordava com o trocadilho. Irônico, cínico, no Prefácio do seu *O dicionário do diabo* (1911) faz especial referência a um certo "Padre Gassalasca Jape". O nome deste imaginário jesuíta é literalmente uma piada. Traduzido ao pé da letra, seria Padre Gassalasca Zombaria.

O tal dicionário mostra que o humor, e quanto mais amargo pior (ou melhor), ambiciona redefinir tudo. O autor desmonta e vira pelo avesso conceitos relacionados à política ("eleitor", "referendo", "candidato"), à religião ("monsenhor", "incenso", "fé", "convento"), à ciência ("frenologia", "medicina", "etnologia"), à mulher ("beleza", "belladona", "donzela"), às convenções sociais ("fidelidade", "filantropo"), às profissões ("repórter", "farmacêutico"), etc. Nada lhe escapa.

Estes verbetes foram surgindo aos poucos, na imprensa, entre 1881 e 1906. Bierce pensou em outros títulos para a coletânea – *Comic Dictionary, Idiot's Unabridged Dictionary* – mas acabou optando pelo "diabo". O diabólico do dicionário está em redefinir palavras sem a menor compaixão: "cristão" é aquele que segue os ensinamentos de Cristo até onde isso não atrapalhe a prática do pecado; "felicidade" é esta sensação agradável que experimentamos ao contemplar a desgraça alheia; "homeopatia" é uma escola de medicina especializada em curar doenças imaginárias... (Bierce, 1999).

Mesmo um tanto amargo demais para alguns paladares (de fato, nada tem a ver com o doce riso infantil), este particular modo de fazer humor põe tudo em xeque (eis a função do humor, afinal, jamais insulso), ensina a evitar adesões e adorações ingênuas, tem a desfaçatez de dizer que o rei está nu, que todos nós estamos nus... por baixo de nossas roupas, de nossas máscaras e discursos. Ensina a cultivar uma visão de mundo em que o mundo é lugar e objeto de transformação (sempre relativa, incompleta, imperfeita) mediante a observação atenta, o raciocínio irreverente, a palavra contundente e a ação corajosa.

Rir de novo, por fim e enfim, da própria pedagogia.

Em seu romance de idéias *Amor y pedagogía* (Unamuno, 1999), Miguel de Unamuno (1864-1936) apresenta Avito Carrascal, o protagonista, como alguém que acalenta um ambicioso projeto pedagógico pessoal. Apaixonado pela ciência, quer ser pai de um gênio. A tese central desse livro tragicômico é a de que é possível "fazer" de uma criança um homem genial. Para tanto, fundamental cuidar do embrião corretamente. A mãe, grávida, deve alimentar-se mais de feijão do que de carne, porque o feijão contém fósforo, bom para o cérebro, ao passo que a carne aviva os instintos da barbárie. Fundamental também que a mãe freqüente o museu e, sugestionada pela beleza das obras de arte, influencie de algum modo o filho que habita o seu ventre. Ao nascer, a criança deverá ser educada fora do contexto religioso, aprendendo o que mandam os preceitos da pedagogia sociológica, baseada em fórmulas e leis científicas. O nome do filho, Apolodoro, indica esse desejo: dom de Apolo, deus da luz, da força, da harmonia e das artes.

A pedagogia racional sofre, no entanto, ao ver como a escola ensina. Quando o pequeno Apolodoro começa a freqüentá-la, e conta ao pai ter aprendido que "o sol diz aos planetas por onde devem ir...", Avito se escandaliza. A escola ensinando antropomorfismo, algo tão primitivo e anticientífico?!

Tudo parece conspirar contra o projeto racional. Difícil evitar a influência das tradições da Espanha católica, para as quais uma criança deve batizar-se nos primeiros meses de vida e, de preferência, receber o nome de um santo. Contra a vontade do pai, Apolodoro acumulará um nome cristão: Luis. O idioma mesmo, e sua ilogicidade, ou o que o personagem supõe que seja falta de lógica. Poderia ser mais absurda a frase "afogar-se no rio"? Afogar-se viria do verbo *adfocare*, e este de *focus*, fogo. Como poderia alguém afogar-se, morrer queimado... na água? Seria tão contraditório quanto pensar numa rua alagada de fogo. E quando uma pessoa afirma que algo é provável, sendo provável o que se pode provar e comprovar, sustenta o contrário do que pensa, pois o fato provável, mais do que algo quase certo, com grandes chances de ocorrer, ocorrerá certamente, sem sombra de dúvidas, se já não ocorreu!

O uso fantasioso da etimologia (*adfocare* é pura invenção) denuncia, satiricamente, que o puro racional é também uma invenção! A pedagogia científica, tal como Avito a concebe, é antipedagógica na medida em que luta contra a vida. Unamuno era pedagogo, e por isso se sentia à vontade para criticar os pedagogos que, em nome da racionalidade, tornam-se irracionais, perdem o contato com a realidade, entopem a inteligência com paradigmas e paradogmas. O suicídio de Apolodoro confirma o fracasso do modelo de educação imposto pelo pai, uma educação na qual amor e razão se excluem. Ou amor ou progresso. Ou amor ou crescimento.

Prestes a se matar por enforcamento, Apolodoro tem um pensamento bizarro. Imagina-se como uma lingüiça dependurada. Que ridículo... mas ao mesmo tempo que sublime! Sublime forma, talvez, de ridicularizar os intentos paternos. Avito lhe disse uma vez que ele, Apolodoro, não nascera nem fora criado para ser feliz, não nascera para si mesmo e sim para a Humanidade. E quem é essa tal de Humanidade, perguntou Apolodoro, irônico? Não se pode amar a Humanidade, a não ser amando pessoas reais, de carne e osso. E ao propor ao pai que se fizesse do amor pedagogia, Avito, em sua incorrigível falta de bom senso, recomendou-lhe desenvolver essa excelente idéia para chegar, quem sabe, a uma formulação pedagógica metapestalozziana...

CAPÍTULO VIII

Educação e cultura

Educar na era do vazio?

Em 1983, Gilles Lipovetsky (1944-) reuniu alguns ensaios acerca do individualismo contemporâneo sob o título *A era do vazio.* Um vazio que nos espreita e invade, ao mesmo tempo em que estamos cada vez mais envolvidos pelo excesso e pela multiplicidade. Este excesso se faz no presente e nele se esgota... e nos esgota muitas vezes. Vivemos para nós mesmos, para o aqui e o agora, sem demasiada preocupação com o passado ou com o futuro. Pomos em prática, intuitivamente, táticas narcísicas que nos protegem da classe política, na qual não confiamos, e da classe religiosa, que não precisamos seguir. O fim das ideologias e a desvalorização das religiões tradicionais provocaram boa parte desse vazio.

O que não impede que estejamos em contato (superficial) com muitas pessoas ao mesmo tempo e manifestemos nossas opiniões sobre os mais diversos assuntos, inclusive com relação à política, baseados em "intrusivismos", "achismos" e informações desencontradas. Narcisos, podemos até manifestar sentimentos religiosos, sem que isso implique adesão incondicional aos preceitos morais decorrentes de uma doutrina, e, portanto, o reconhecimento da culpa (*mea culpa, mea maxima culpa*).

Tal atitude não nasce do cinismo. Há até sinceridade demais. Durante concentração de jovens que aplaudiam João Paulo II (1920-2005), perguntei a um entusiasta se ele estava prestando atenção às palavras do papa sobre os perigos do consumismo, o pecado do divórcio, os males do hedonismo, sobre castidade antes do casamento e a condenação às práticas homossexuais. O jovem, sem deixar de acenar para o sumo pontífice, respondeu com tranqüilidade: "Ah, isso são as idéias do papa, né?!".

Abolidos (ou estariam camuflados?) certos tipos de conflito interior, o narcisismo aboliu também o sentido do trágico. Os grandes e dilacerantes dilemas tendem a ser dissolvidos pela busca do prazer e da realização pessoal. Seria impensável que, hoje, alguém lançasse um livro com o título *Deus ou nada*, como, em 1934, o fez Antonin Sertillanges (1863-1948), conhecidíssimo na época. Que alguém lançasse e que muitos lessem! O jesuíta mineiro Henrique de Lima Vaz (1921-2002) admitiu, numa conferência proferida no Congresso Internacional de Humanismo Latino, em 2001, que seria quase temerário repropor semelhante dilema às elites culturais do nosso tempo. (Não só às elites, diríamos, mas a um número cada vez maior de pessoas.) Seria igualmente pouco atual, para retomarmos Unamuno, ver a realidade em termos de tudo ou nada, como fazia este pensador às vésperas da Primeira Grande Guerra: "a vida, que vive e quer viver sempre, não aceita fórmulas. Sua única fórmula é: ou tudo ou nada" (Unamuno, 1943, p. 94-95).

Sem enfrentar grandes dilemas, a salvo de exigências metafísicas ou ideológicas, tendo superado o desafio existencialista *à la* Sartre, *à la* Camus, e até mesmo o bem-intencionado disjuntivo "socialismo ou barbárie", que supõem comprometimento com certas concepções de mundo e de ser humano, a personalidade narcísica instala-se na imaturidade e na descontração. Desmobilizado, apático, pois não há necessidade de lutar por valores superiores, narciso olha a escola sem grande interesse:

> A indiferença cresce. E em nenhum lugar o fenômeno é mais visível do que na educação. Em questão de anos, o antigo prestígio e autoridade dos professores quase desapareceu completamente. Hoje, a palavra do Mestre está dessacralizada, banalizada e foi posta em pé de igualdade com o discurso da mídia. O ensino foi neutralizado pela apatia escolar, pela dispersão e pelo ceticismo. [...] A escola, menos do que uma caserna,

> assemelha-se hoje a um deserto [...], em que os alunos vegetam sem motivação e interesse. (LIPOVETSKY, 1993, p. 55-53)

Os alunos podem talvez vegetar na escola, mas milhares deles vivem atualmente (e intensamente) nas *lan houses*, andam, compram, vendem, amam, conversam na Second Life, estão "teclando" no MSN, manifestando-se nas comunidades do Orkut, acessando vídeos no Youtube, ouvindo rádios *on-line* de qualquer lugar do planeta, assinando vários *podcasts*, ou assistindo à velha TV...

Que lugar na Idade Mídia terão a escola, a faculdade? Talvez a educação deva, aos poucos mas definitivamente, e antes que seja tarde, descolar-se da escola e da universidade como lugares privilegiados da transmissão do saber, lugares em que o conhecimento está... estava guardado, arquivado, embalado, pasteurizado, à espera somente de alunos ignorantes, de preferência bem-comportados, mas sedentos por aprender. A escola e a faculdade não devem ser extintas. Acabarão, no entanto, por reconfigurar-se, terão de redefinir-se e redefinir suas práticas, diante de um novo contexto cultural e de novas formas de comunicação. Acabarão por reconfigurar-se, ou então, sim, acabarão por decurso de prazo.

O filósofo da educação, como um cão curioso (não furioso...), fareja o que pode vir a ser, fareja as entrelinhas do manuscrito complexo, cheio de possibilidades, chamado realidade. Sabe que muitos encontram-se presos ao aqui e agora, mas não se contenta com essa proposta. Por isso, lê o amanhã, e o depois de amanhã, que já se anunciam aqui e ali em janelas que se entreabrem no horizonte.

Nietzsche farejava o tempo todo. Considerava-se um sem-pátria, "*Heimatlos*" (NIETZSCHE, 2005, aforismo 377), sem passado, sem raízes, sem casa, sem pai, sem herança, porque buscava outra coisa. Considerava-se um filho do seu tempo, vivia (e sofria com) o fato de ser alemão, vivia inevitavelmente a circunstância de ser alemão, mas também se considerava filho do futuro. Outrora, ser apátrida era um xingamento. Hoje, talvez seja um elogio. O sem-pátria pode beber de várias culturas, cosmopolizar-se.

Nietzsche farejava o futuro, mas não sem antes ter viajado pelo mundo grego, conversado e brigado com Sócrates e outros filósofos de outros tempos. Não sem antes ter dialogado com outros pensadores e escritores mais ou menos próximos.

Nenhum futuro programado, porém. Nenhum planejamento fechado, portanto. Nada de querer um determinado "progresso", controlado, controlador. O futuro é e continuará sendo futuro, desconhecido, talvez assustador, certamente imprevisível. Somos seres futuríveis. Vivendo o momento presente, estamos sempre insatisfeitos com o minuto passado. Peçamos a Narciso que saia um pouco de si, que se torne um pouco trágico, um pouco mais dramático.

E a pergunta retorna: o que é mesmo educar? Educar quem, e para quê, para tornar-se uma pessoa de que tipo, se é que devemos expressar-nos assim, se é que eticamente (e de que ética estaríamos falando?) faz sentido referir-nos a algum "tipo" de pessoa...?

A palavra "educar" remete a dois verbos latinos: *educare*, "nutrir", "instruir", e *educere*, "conduzir para fora". Podemos trabalhar com essas duas noções, recontextualizá-las. A escola (e a família educadora, e a mídia educadora...) nutre, orienta, conta histórias do passado, ensina as primeiras letras, os primeiros passos, mas também conduz para fora, para o desconhecido, mostra o exterior da escola, o futuro, como o verdadeiro lugar em que se aprenderá muito mais, tendo como ponto de partida o pouco ou o muito que se aprendeu.

Albert Jacquard (1925-) ensina que "o objetivo primeiro da educação é evidentemente revelar a um pequeno ser humano sua qualidade humana, ensinar-lhe a participar da construção da humanidade e, por isso, iniciá-lo na tarefa de ser seu próprio criador, de sair de si mesmo para tornar-se um sujeito que escolhe seu caminho" (Jacquard, 1991, p. 212-213). Um caminho no meio do vazio. A exigir mais liberdade do que atos de memória. Mais criatividade do que obediência comodista a modelos, ou comodista rebeldia contra todo e qualquer modelo. A própria questão de Deus, retomada volta e meia em aparentemente inúteis debates culturais, desliga-se da educação religiosa formal. Como relata o cineasta David Lynch (1946-), e seu testemunho é emblemático, após afastar-se da formação presbiteriana pacificamente, continuou espiritualmente atento. O fato de estar distante de uma igreja, não redunda em desprezo, nem em antiproselitismo, que termina por ser outra forma de proselitismo: "isso não quer dizer que eu combata as igrejas. Cada um que siga o seu próprio caminho" (Monda, 2007, p. 103).

O vazio do imediato, do instantâneo, do volátil, depara com o apelo do amanhã, do depois de amanhã. E também não há como permanecer surdos ao apelo do passado. Por mais rupturas que tenha havido, o passado de algum modo continua presente – o passado é justamente aquilo que não passou. Se o passado tivesse passado de forma cabal, não seria sequer nomeável. Aliás, nós mesmos, carregados de passado, carregados pelo passado até aqui, seríamos extintos para dar lugar a algo livre de todo passado...

O passado permanece. Em forma de lembrança, em forma de sabedoria, em forma de instinto. Por mais descartáveis que as tradições possam parecer, continuam vivas e ativas. Reaparecem, como imensos submarinos que passam dias nas profundezas do oceano. Temos a possibilidade da modificação, da inovação, e simultaneamente participamos da memória da espécie, continuamos olhando para o passado, para o que nos dizem os fósseis, os manuscritos antigos, as antigas culturas, os monumentos antigos, a arte antiga, os vestígios do imemorial.

Estamos no vazio, nele nos movemos e somos, mas algo em nós repudia o vazio. Narciso poderá religar os três tempos, passado, presente e futuro, encontrando nessa tarefa novas fontes de prazer. Recontextualizar os saberes antigos é inovar. Saber inovar os saberes é sabedoria.

A Idade Mídia, o caos e a autoria

Na aula nietzschiana, somos ensinados a precisar de pouco (em termos materiais) para ser felizes, a trabalhar o suficiente para manter-nos, a ser cínicos e epicuristas... em suma, aprendemos a ser filósofos. Filósofos, hoje? Sempre, se entendermos a tarefa do filósofo como algo que transcende a aquisição do diploma, do certificado, da chancela acadêmica.

Ser filósofo, em sentido amplo e profundo, é a vontade de ser si mesmo, encontrar/inventar sua expressão e seu destino. As fotos, os retratos dos que chamamos oficialmente de filósofos, de pensadores, o olhar penetrante, talvez, o olhar perdido no infinito, a mão segurando o queixo, a cabeça mergulhada em livros, as feições de quem reflete a sério, a postura de quem está comprometido com a verdade, esses traços sugerem um ideal: foram pessoas que acreditaram no pensamento e na palavra como formas de libertar-se. Libertação de tudo aquilo e de todos aqueles que nos prometem a felicidade banal, em troca da submissão sorridente, da obediência cega, da bajulação constante, da entrega resignada do nosso tempo de vida, do dispêndio de nossas melhores energias.

Entre outras qualidades, ser filósofo supõe alfabetizar-se para ler a existência humana, e, de maneira mais detalhada, aguda, persistente, a própria e inimitável biografia. Por mais modelos e respostas que tenhamos, por mais que existam explicações para todos os gostos, há sempre um abismo entre as certezas que nos oferecem e a realidade humana. O filósofo é aquele que interpreta (e reescreve). Para interpretar, lança mão da pergunta. Ao escrever e reescrever, torna-se autor, com toda uma carga etimológica que vale a pena lembrar – *auctor*, no latim, aquele que produz, gera, faz nascer, funda, inventa.

A pedagogia dos nossos tempos, inspirada pela filosofia, se preocupará com o uso refinado da pergunta. Perguntas como aquela, prática, de Lênin (1870-1924), no título do seu famoso livro *Que fazer?*, do início do século XX. Perguntas sobre a eficácia de algo, sobre a utilidade de algo... perguntas legítimas. A própria pergunta "isto é vendável?" tem sua importância, e um filósofo não precisa envergonhar-se dela. Ao concluir o livro em que nos conta seus fracassos iniciais como escritor, Paul Auster (1947-), depois de inúmeras tentativas para viver da palavra criativa, faz a afirmação chocante (para ouvidos demasiado delicados), mas verdadeira:

> Comecei a procurar agente mais uma vez, e dessa vez achei a pessoa certa. Ela mandou o romance para a Avon Books e três dias depois ele foi aceito. Assim mesmo, de uma hora para a outra. Ofereceram-me um adiantamento de dois mil dólares, o qual aceitei. Não houve regateios, contra-ofertas, negociações suspeitas, nada. Senti-me recompensado [...]. Depois de rachar o adiantamento com o editor original (conforme o contrato), restaram-me mil dólares. Tirando os dez por cento da agente, acabei ganhando o total de novecentos dólares.Pois é assim que se escrevem livros por dinheiro. É assim que a gente se vende. (Auster, 1993, p. 55-56)

O filósofo, como artista do saber (todos podemos exercer essa arte humanizadora), compreende que "vender-se" faz parte do jogo, contanto que a necessidade de vender não se transforme numa venda, venda que nos impeça de enxergar, que tape nossos olhos, ouvidos e boca. Ao contrário, precisamos desvendar, ironicamente, com sabedoria, com tranqüilidade, as regras desse jogo, sem perder de vista o essencial: a educação para o humano.

Podemos viver sem muitas certezas, sem grandes certezas, mas não sem valores. Mas não sem lucidez. A incerteza não deixa de ser um valor, se valorizarmos a pergunta sobre a incerteza. (O valor, por outro lado, não deixa de ser uma certeza...)

Cristovam Buarque (1944-) publicou em 2004 um livro repleto de perguntas, inspirado em Pablo Neruda (1904-1973) e dedicado "aos alfabetizadores e alfabetizadoras". Perguntas irreverentes, inconvenientes, marotas, perguntas que desafiam nosso quadro de valores (implícito ou explícito), perguntas infantis, poéticas, proféticas, patéticas, políticas: "Se pagamos juros aos banqueiros, por que não indenizamos o analfabeto pelo tempo que perdeu sem saber ler?" (Buarque, 2004, p. 43); "Por que será que de vez em quando tenho vontade de chorar de vergonha por ter chorado pouco?" (p. 54-55); "E se o décimo primeiro mandamento fosse 'alfabetizarás o teu próximo?'"(p. 63); "Por que, em vez de ensinar os professores a ensinar, não aprendemos como os alunos aprendem?" (p. 95).

Essa última pergunta nos faz pensar uma vez mais no ato de ensinar.

Como aprendem os alunos? Devemos entender, e aprender a respeitar esse modo de aprender. Respeitar e estimular. Aprendemos porque estamos em diálogo. Aprendemos sozinhos, mas sempre em contato com alguém ou com alguma coisa, e essa coisa deixa de ser uma coisa qualquer. O aprendizado se faz na solidão, não no egoísmo. Uma solidão que continua em diálogo, que leva ao encontro.

O que sabe a Idade Mídia a respeito de outras épocas? O que sabemos realmente sobre a Idade Média? Seria flagrante falta de informação (falar em erudição seria exagero), para citar uma questão entre centenas, afirmarmos que os medievais (em plena época das trevas...) acreditavam que a Terra fosse plana. Um rápido "googlar"[36] permite chegar à *Suma Teológica*, documento central da filosofia cristã, e encontrar uma frase que contesta e esclarece. Sequer será preciso saber latim ou visitar um mosteiro perdido nas montanhas para ler o que Tomás de Aquino escreveu no século XIII: "O astrônomo e o físico demonstram a mesma proposição [...] de que a terra é redonda." (S. Th. I, q. 1 a. 1 ad 2). *Terra est rotunda* – a Terra, trata-se de uma constatação científica, é rotundamente redonda. Medievais e "midievais" dialogando no espaço-tempo virtual.

Aprendemos em diálogo, reunindo idéias, articulando informações isoladas, coordenando a percepção dos outros, testando

[36] O verbo "*to google*" nasceu em 1998 e significa procurar informações na Web por meio de consultas ao Google. Em espanhol é "*googlear*". Em francês (com resistências), "*googler*". Os alemães assumiram oficialmente o seu "googeln" em 2005. Num site italiano, lê-se: "*il verbo googlare è diventato di uso comune*". Já existem em português, com pouquíssimo uso, o "googlar" e o "guglar". Verbo transitivo, inquisitivo, perseguidor, vasculhador. Todos estamos sujeitos à googlagem, à googlação. Existir, na Idade Mídia, é ser googlável. Você pode estar sendo googlado neste minuto, por um amigo ou por um desafeto. Ou por alguém que buscava outro alguém com nome semelhante ao seu. E todos podemos googlar a nós próprios, fonte de surpresas agradáveis ou nem sempre.

conhecimentos incompletos, detectando tabus e preconceitos onde menos esperávamos encontrá-los. Na Idade Mídia, temos à disposição novas formas de aprender que extrapolam as paredes da sala de aula e das bibliotecas. Além de bons documentários e programas culturais na TV (apesar de toda uma programação imbecilizante...), além do cinema, "*gran potencia educadora de nuestro tiempo*" (MARÍAS, 1992, p. 211), multiplicam-se sites, blogs, wikis, redes sociais que promovem interação, diálogo, ajuda mútua, divulgação de eventos, de livros, de textos, promovem descobertas, colaboração intelectual e senso crítico.

Promovem confusão também, e engano entre os desavisados. Basta lembrar o livro que Cora Rónai (2006) organizou, reunindo textos atribuídos falsamente a autores como Luis Fernando Verissimo (1936-), Borges, Millôr Fernandes (1924-), Clarice Lispector (1920-1977), João Ubaldo Ribeiro (1941-), Neruda, Gabriel García Márquez (1928-) e outros.[37]

Mas vejamos de perto o que está acontecendo. Por exemplo, o *Yahoo! Respostas* (http://br.answers.yahoo.com/), cuja chamada diz tudo: "compartilhe conhecimento e informações com milhões de usuários do Yahoo!". Não é uma enciclopédia estática, não tem um número fixo de autores especializados. Milhões (será uma hipérbole?) de pessoas pretendem participar e partilhar. A pessoa determina o que quer aprender, e expõe sua dúvida, sua pergunta, sua inquietação sobre os mais diferentes assuntos, desde ciências sociais a gravidez e maternidade, passando por esporte,

[37] Seria possível imaginar Verissimo compondo uma "Oração dos estressados", cujo senso de humor grosseiro contradiz o estilo inconfundível? E García Márquez, quando soube que seu nome referendava um texto medíocre que deu três vezes a volta ao mundo, lamentou: "O que mais me entristece é constatar que leitores meus admitiram como certo ter eu escrito algo tão ruim..." Triste ler um poema de quinta categoria que milhares de internautas repassaram a tantos outros, como se fosse obra-prima de Clarice Lispector... Reincidente a ingenuidade daqueles (e a nossa, talvez...) que, enviando aos amigos, colegas e desconhecidos um texto intitulado "Promessas matrimoniais", achavam que pertencia a Mario Quintana, sem notar que a primeira linha já denunciava tudo: "Em maio de 98, escrevi um texto..." Pela mais simples razão: Quintana faleceu em 1994.

ecologia, finanças, arte e política. Outra pessoa se habilita a escrever, submetendo a todos sua opinião, sua convicção, o resultado de sua pesquisa, de sua experiência, de seu sistema de convicções. Uma usuária brasileira, em maio de 2007, fez as seguintes observações, pedindo comentários:

> A Cibercultura apresenta um paradoxo: com a possibilidade de entrada e navegação na rede (todos podem alimentá-la sem qualquer censura), temos o acesso fácil a uma infinidade de informações e a criação de redes colaborativas onde todos podem acrescentar dados e informações. O problema é a impossibilidade de se determinar, muitas vezes, a credibilidade da fonte alimentadora. Podemos 'inventar' dados a respeito de um assunto e publicá-los como verdades absolutas. Podemos, com a mesma facilidade, criar uma comunidade que pretende salvar o planeta ou disseminar idéias racistas. Daí a importância de se orientar um aluno que vai pesquisar na internet. A fonte de pesquisa também deve passar por um critério de seleção.

Semanas depois, ganhou destaque o melhor comentário, segundo a própria autora do texto que deflagrou diversas colaborações:

> Concordo com você. É por isso que devemos filtrar tudo o que há na internet, não aceitando nada como verdade antes de investigar, cruzar dados e verificar em sites sérios tais informações. A internet é um retrato do mundo, existem as mentiras, as fofocas, as falácias, e as verdades. Assim como em nossa vida, devemos estar atentos a todo tipo de informação que nos rodeia.

Os que escrevem não se reportam a autoridades, não citam outros autores. Sem pedir licença a ninguém, tornam públicas as suas opiniões. Submetem-se à crítica de outras pessoas, de ilustres desconhecidos (e há os que preferem manter-se no anonimato), sejam quem for, tenham ou não título universitário, morem onde quer que seja, tenham a idade que tiver. Nesse sentido, as pessoas com acesso à internet, e esse número cresce diariamente no Brasil,[38] mostram não só o que querem aprender mas *como* querem aprender.

Estamos, como diz Vattimo, numa sociedade de comunicação generalizada. Uma comunicação caótica, em que vemos "uma grande explosão e multiplicação de *Weltanschauungen*, de visões de mundo" (VATTIMO, 1992, p. 11). Porque não se trata apenas de quantidade. Na Idade Mídia, um garoto aos 12 anos de idade pode já ter tido acesso (pela TV, pela internet) a um número muito superior de informações, imagens, sons, apelos, sustos e promessas do que um adulto de 40 anos na Idade Média ao longo de sua vida (CEBRIÁN, 1999, p. 120). Trata-se de quantidade, dilúvio, enchente, mas também de qualidade. A variedade formidável, isto é, de formas e formatos inesperados. E tal abundância de diferenças, é verdade, pode gerar a indiferença. O "sei lá" como resposta que não responde a nada, porque, no fundo, ou talvez na superfície... "tanto faz".

Difícil, contudo, jogar para "lá" a vontade de saber, como não é tão fácil prender-se a um *carpe diem* que ignore nossa capacidade de projetar-nos e ambicionar o dia futuro. A antiga idéia de que estamos, seres humanos, sempre dispostos a aprender, de que nos sentimos inelutavelmente propensos a fazer descobertas, a inovar, a "inventar moda", como se diz, cobra dos que educam e dos que pensam a educação aquela compreensão mais lúcida sobre *como ensinar*, sobre como deixar o outro aprender em meio aos caos, ao complexo, ao indefinido, sobre como ser professores do futuro desde agora.

Atuar como autores de nossa própria biografia, escritores que redigem sua própria história, fazendo de sua vida uma obra de arte. Este ideal sorrateiramente se intromete em meio ao caos,

---

[38] Segundo dados coletados em 2001 pela Fundação Getulio Vargas, 12,46% da população brasileira tinha computador em casa, apenas 8,31% com acesso à internet. Em 2005, cerca de 15% da população brasileira de 10 anos ou mais possuía acesso à internet em casa. Em relação ao uso da internet em qualquer local, a média nacional era de 20% da população de 10 anos ou mais. O Ibope revelou que, em 2007, chegamos a 21,4 milhões de internautas residenciais. Estima-se que atualmente haja 40 milhões de usuários com 16 anos de idade ou mais que acessam a rede em todos os ambientes, como telecentros, trabalho, residência, escolas e outros.

em meio à apatia, em meio às decepções que nos assaltam – o trânsito engarrafado, o barulho dos vizinhos, a promiscuidade dos transportes coletivos, o despreparo de profissionais como médicos e professores, o mau funcionamento da internet, etc. (Lipovetsky, 2007, p. 29). Este ideal pode ser uma aposta da educação agora.

O professor-autor, pensando na formação do aluno-autor. Professor-autor, aqui, não simplesmente como aquele que prepara material didático. Autoria remete a vários significados.

Autor – aquele que origina, que causa algo. A palavra "causa" tem uma notável fortuna filosófica. Não obstante os questionamentos que varreram, ou pretenderam varrer este conceito de qualquer discussão científica, voltar à teoria aristotélica da causalidade, relê-la, recontextualizá-la, ver o autor como causa, ver o professor como aquele que pode produzir determinados efeitos sugeriria reflexões interessantes.

Autor – aquele que inventa ou descobre. Inventa modos novos de dizer o mesmo. Inventa novas coisas que podem ser apresentadas de modo tradicional. Inventar pode ser descobrir, tirar as cobertas; descortinar, abrir as cortinas; desencadear, abrir os cadeados. Autor, porque estrutura o caos, descobre lances no tabuleiro confuso das mil e uma possibilidades.

Autor – aquele que cultiva palavras. Investiga a história das palavras, a etimologia. Mais do que um *hobby* meio intelectualizado, como preencher palavras cruzadas... a etimologia pode servir, tem servido há séculos para compreender a experiência humana, a etimologia como elemento da reflexão filosófica, ontem e hoje. Os cruzamentos das palavras ao longo do tempo, as alterações semânticas, a palavra como lugar de encontro das culturas, das mentalidades em mudança, dos investimentos existenciais.

Autor – aquele que divulga em primeira mão (até onde isso é possível) certos conhecimentos, certas informações. O professor como leitor compulsivo, pesquisador insaciável, internauta atento, coordenador de idéias e intuições alheias, interpretando-as, fazendo delas um conjunto atraente. O professor como repórter da realidade, aberto à atualização, sem cair, porém, no estado vertiginoso da fascinação, da empolgação imatura pela mera notícia (o novo pelo novo).

Estas são algumas possibilidades da autoria docente, que incentiva, apóia a autoria discente. Em termos práticos, voltando à Idade Mídia (que ainda não chegou em todos os lugares e a todas as pessoas), nada tão normal (embora não muito comum, ainda) do que professores e alunos publicarem textos e mensagens sistematicamente, em *blogs* pessoais ou de grupo, sobre o que aprendem, depreendem, sugerem, avaliam, lêem, criticam, concluem, desconcluem... Na introdução de seu livro sobre a revolução do blog, Hugh Hewitt (1956-) afirma que a mudança não está a caminho, já aconteceu. São novas formas de assimilar o conhecimento, elaborá-lo, divulgá-lo: "seu cliente, o fiel de sua igreja, o seu crítico estão mudando" (HEWITT, 2007, p. 25), e o mesmo podemos dizer com relação aos aprendentes, para usar um termo tão caro à psicopedagogia.

A perplexidade não é tão má assim...

O economista Ernst Friedrich Schumacher (1911-1977), autor de *Small is beautiful*, obra de imenso sucesso na década de 1970, formadora da mentalidade ecológica, com um interessante capítulo dedicado à educação como "*the greatest resource*", escreveu um outro livro no final da vida, menos conhecido – *Um guia para os perplexos*, heterodoxo, em muitos aspectos, por questionar prestigiosos mapas filosóficos, considerados por ele como incapazes de nos orientar cabalmente. E daí a perplexidade de nossos contemporâneos. Ou, como dizem os franceses, daí haver tantos *déboussolés* ao nosso redor, pessoas sem bússola, "desbussoladas".

Em contrapartida ao questionamento, Schumacher oferece alguns critérios para desenharmos melhores mapas conceituais. Um deles é o princípio metodológico da *adequação*, segundo o qual o que desejamos estudar requer um órgão de percepção apropriado, indicação tão óbvia que, esquecida, leva nossa razão a construir conclusões que mais obstruem o pensamento do que o libertam. Propõe também o resgate da psicologia tradicional, que via a pessoa humana como "caminhante" em contínuo aprendizado, a busca do conhecimento como jornada heróica, lembrando o mitólogo Joseph Campbell (1904-1987). E, para uma arte de viver hodierna, a adoção de uma simples mas fecunda distinção entre problemas convergentes e divergentes.

Na realidade, essa distinção fora apresentada antes, em *O negócio é ser pequeno* (Schumacher, 1981, p. 83-87), e atribuída ao físico e matemático George N. M. Tyrrell (1879-1952).

Os problemas convergentes já foram resolvidos, ou serão resolvidos mais cedo ou mais tarde. Será questão de tempo, de mais investimento, mais dedicação e talento. São problemas que estão a cargo das ciências exatas e biológicas – das "ciências duras", tradução infeliz para "*hard sciences*" –, vistas como "ciências rigorosas", em contraposição (feita de modo pouco rigoroso, diga-se de passagem) às consideradas "imprecisas" ciências humanas (e as exatas seriam menos humanas?).

Exemplo de problema convergente, simples, apresentado por Schumacher – como conceber um meio de transporte com duas rodas? A pergunta instaura o problema, provoca a imaginação criadora. A mente humana, desde pelo menos o século XV (há quem afirme, no entanto, vislumbrar respostas a essa pergunta em hieróglifos dos antigos egípcios), levanta hipóteses, cria protótipos, testa, erra, corrige, acerta, erra de novo, corrige, experimenta, detecta falhas, corrige-as de novo, alcança novos resultados, testa novamente. A bicicleta está aí, como solução assimilada culturalmente, fruto de pequenos passos que convergiram para um ponto determinado, um porto seguro. Nada impede seu aperfeiçoamento na forma de acessórios e outros avanços, adaptações para finalidades esportivas, circenses, de passeio, etc., mas a base já está definida.

Os problemas divergentes são assim chamados porque as respostas nos mostram saídas diferentes e inconciliáveis. Ensinar é problema tipicamente divergente. Não é problema técnico, tendendo a uma única solução, ou à melhor solução dentre todas, sem maiores contestações. Há soluções diversas, e até abertamente contrárias. Não se equivalem, mas são em certa medida todas elas defensáveis. Defensáveis não somente do ponto de vista racional. Soluções diversas, que enfatizam aspectos certeiros, mas não conseguem incorporar outros aspectos certeiros. E por isso estão sujeitas ao fracasso, ensejam novos momentos de profunda perplexidade.

O que é ensinar? Um grupo de teóricos dirá que é transmitir às próximas gerações o conhecimento e a experiência acumulados. As palavras de Dermeval Saviani (1944-) – numa palestra, em 1980, sobre "A Universidade e o ensino" – expressam essa tese, com a consciência da contraposição e da estranheza que podiam despertar no público e nos leitores:

> Gostaria, pois, de defender aqui, contra a "escola nova" e todos os modismos pedagógicos que a sucederam, o ensino enquanto transmissão, enquanto difusão de conhecimentos. E, assim entendido o ensino, defendê-lo, por mais estranho que isso possa parecer, como constituinte da função primordial da universidade, caso se queira, deliberadamente [...], colocar a universidade a serviço do desenvolvimento nacional e regional. (Saviani, 1984, p. 34)

Essa tese enfatiza a autoridade e a disciplina. A geração seguinte deve ouvir mais do que falar. A geração que detém o conhecimento deve falar mais do que ouvir. Por que não? Tem sido assim durante séculos na maioria dos lugares, com ótimos resultados. Os mais velhos, os "maiores", como se dizia no passado, ensinam aos "menores". Os alunos devem obedecer, palavra que etimologicamente deriva de ouvir, *audire, ob-audire*, ouvir atentamente. Quem não ouvir, quem não obedecer, não aprenderá.

Outra tese, porém, postula que ensinar é facilitar o aprendizado mediante uma postura diferente, diferentes atitudes e ações. A idéia é apostar na liberdade do aluno. O aluno deve se desenvolver afetiva e intelectualmente de acordo com as leis inerentes ao seu ser. O professor vai falar, mas precisa ouvir mais, e melhor. Interessar-se mais pelo aluno como pessoa do que pelo conhecimento a ser transmitido.

William Glasser (1925-) sugere discussões livres sobre temas que os alunos considerem relevantes (Glasser, 1972). A objeção seria que dificilmente os alunos sabem o que é relevante. Estão em sala de aula exatamente porque alguém lhes precisa dizer o que é relevante. Provavelmente vão querer discutir frivolidades. Todavia, a proposta de Glasser não se confunde com permissividade didática.

O professor planejara abordar o tema "democracia", trazendo à tona definições de sufrágio, aludindo a algumas experiências históricas e à situação política do país. Pergunta aos alunos o que consideram relevante abordar naquele dia. Os alunos (pensemos numa classe de adolescentes) preferirão falar sobre diversão, cinema, passeios. Morando no estado de São Paulo, mencionarão de passagem o parque temático Hopi Hari...

Nesse momento, o professor converterá a menção ao Hopi Hari em oportunidade de discutir a democracia, mais ainda, de criar uma ocasião real em que os alunos experimentem os riscos e exigências da democracia. Poderá perguntar, então: "Quantos de vocês querem ir ao Hopi Hari de graça neste final de semana?" Quase todos quererão ir. O professor então dirá: "Vamos imaginar que recebi de um amigo dois passaportes para o Hopi Hari, sugerindo ele que eu desse de presente para dois alunos da minha classe. Mas... a quem, acham vocês, devo dar este presente?"

Em meio às discussões, possivelmente acaloradas, quantas soluções serão democráticas? Sortear é democracia? Voto secreto seria melhor? Um leilão, e que leve os passaportes quem puder pagar mais? Que o professor escolha os dois alunos, sem maiores consultas, seria a saída, pois decidir democraticamente é desgastante demais? Que recebam os passaportes aqueles que nunca foram ao Hopi Hari, isso seria democrático (ou caridoso...)? Que recebam, a título de prêmio, os que tenham as melhores notas?

Não sabemos como terminou essa aula, nem quais foram os dois felizardos do passaporte imaginário... O importante foi a aposta no exercício da prática democrática. Esse exercício, é outra aposta, jogará luzes sobre as informações que os alunos tenham e encontrem a respeito dos temas políticos.

Se os teóricos do ensino como transmissão estiverem certos, enfatizando-se a disciplina e a obediência, será logicamente desejável fortalecê-las... e teremos algo muito próximo a um quartel. Se, por outro lado, optamos pelo ensino como espaço para a livre discussão, será logicamente desejável fortalecê-la... e chegaremos a algo semelhante a um parlamento. Em ambos os casos, caberia perguntar o que, afinal de contas, tem a escola a ver com tudo isso?

O filósofo da educação sente-se à vontade com os problemas divergentes. Digamos que esta é a sua especialidade: identificar os problemas que tornam o campo educacional fonte de contínua perplexidade. Identificar os problemas e dedicar-se a desenhar, diante de si e dos outros, possíveis itinerários, possíveis destinos.

O filósofo da educação convive com a perplexidade, com o espetáculo das teses conflitantes, contraditórias, ou apenas contrastantes, enquanto se esforça por acionar, não apenas sua razão, mas outras forças como a sabedoria, a empatia, a criatividade, o senso estético, o humor, o entusiasmo, transcendendo o "sim ou não", o "isso ou aquilo"... da máquina.

O filósofo da educação busca pensar com rigor (não com rigidez), sem dissolver os problemas divergentes, sem se irritar com eles. Os problemas divergentes não podem ser resolvidos com "a resposta certa". As perguntas sobre a educação não são questões lógicas, mas vitais, existenciais. Implicam a experiência íntima, a autoconsciência, a sensibilidade.

O filósofo da educação continua em busca – mais do que *homo sapiens, homo quaerens* –, tendo em mente um credo negativo, sinal de que pode transcender os impasses, sem destruí-los.

O filósofo da educação não acredita em disciplina sem liberdade. Não acredita em liberdade sem autoridade. Não acredita que transmitir seja tudo na educação. Não acredita que a educação possa ser educação sem nada a transmitir. Não acredita que a inovação substitua a tradição. Não acredita numa tradição fechada à inovação. Não acredita que o professor seja o único a saber ensinar na sociedade. Não acredita numa sociedade que desvalorize o saber do professor. Não acredita que o todo deva prevalecer sobre o indivíduo. Não acredita que o indivíduo deva desprezar o todo. Não acredita que os fins justifiquem os meios. Não acredita que os meios se justifiquem sem finalidades.

Não acredita, enfim, numa educação sem filosofia.

Nem numa filosofia indiferente à educação.

Leituras recomendadas

Ao longo do livro, citei e aludi a várias obras que poderão, em futuras leituras, ajudar você a compreender mais a fundo o que é e como se faz filosofia da educação. Reapresento algumas delas nas indicações bibliográficas abaixo, incluindo outros autores e títulos não mencionados antes, mas igualmente merecedores de atenção dentro do contexto deste livro.

AGOSTINHO. *Mestre.* 3. ed. São Paulo: Landy, 2006.

COMENIUS, Jan Amos. *Didática magna.* 2. ed. São Paulo: Martins Fontes, 2002.

DEMO, Pedro. *Complexidade e aprendizagem: a dinâmica não linear do conhecimento.* São Paulo: Atlas, 2002.

DEWEY, John. *Democracy and education: an introduction to the philosophy of education.* Nova York: Cosimo, 2005.

ELIOT, T. S. *Notas para uma definição de cultura.* São Paulo: Perspectiva, 2005.

HEIDEGGER, Martin. *¿Qué significa pensar?* 3. ed. Buenos Aires: Editorial Nova, 1978.

GARDNER, Howard. *Estruturas da mente: a teoria das inteligências múltiplas.* Porto Alegre: Artmed, 2002.

GHIRALDELLI JR., Paulo. *Filosofia e história da educação brasileira.* Barueri: Manole, 2003.

GILES, Thomas Ransom. *Filosofia da educação.* São Paulo: EPU, 1983.

KANT, Immanuel. *Sobre a pedagogia.* 3. ed. Piracicaba: UNIMEP, 2002.

INCONTRI, Dora. *Pestalozzi: educação e ética.* São Paulo: Scipione, 1996.

JAPIASSU, Hilton. *O sonho transdisciplinar e as razões da filosofia.* Rio de Janeiro: Imago, 2006.

LARROSA, Jorge. *Pedagogia profana: danças, piruetas e mascaradas.* Belo Horizonte: Autêntica, 2004.

LÓPEZ QUINTÁS, Alfonso. *La cultura y el sentido de la vida.* Madri: PPC, 1993.

LUCKESI, Cipriano Carlos. *Filosofia da educação.* São Paulo: Cortez, 1990.

MAKARENKO, Anton. *Poema pedagógico.* São Paulo: Ed. 34, 2005.

MONDOLFO, Rodolfo. *Problemas de cultura e de educação.* São Paulo: Mestre Jou, 1967.

MONTESSORI, Maria. *Para educar o potencial humano.* 2. ed. Campinas: Papirus, 2004.

MORANDI, Franc. *Filosofia da educação.* Bauru: EDUSC, 2002.

NICOL, Eduardo. *El porvenir de la filosofía.* México: Fondo de Cultura Económica, 1997.

NIETZSCHE, Friedrich. *Escritos sobre educação.* São Paulo: Loyola, 2003.

ORTEGA Y GASSET, José. *Missão da universidade.* Rio de Janeiro: UERJ, 1999.

PAGNI, Pedro Ângelo; SILVA, Divino José da (Orgs.). *Introdução à filosofia da educação: temas contemporâneos e história.* São Paulo: Avercamp, 2007.

PALMER, Joy A. *50 educadores modernos: de Piaget a Paulo Freire.* São Paulo: Contexto, 2006.

PLATÃO. *A República.* São Paulo: Martins Fontes, 2006.

PUIG, Josep Maria; TRILLA, Jaume. *A pedagogia do ócio.* 2. ed. Porto Alegre: Artmed, 2004.

RANCIÈRE, Jacques. *O mestre ignorante.* Belo Horizonte: Autêntica, 2002.

REBOUL, Olivier. *Filosofia da educação.* 6. ed. São Paulo: Companhia Editora Nacional, 1985.

ROUSSEAU, Jean-Jacques. *Emílio ou da educação.* 3. ed. São Paulo: Martins Fontes, 2004.

SANTOS FILHO, José Camilo dos (Org.). *Escola e universidade na pós-modernidade.* Campinas: Mercado de Letras, 2000.

SAVATER, Fernando. *O valor de educar.* São Paulo: Martins Fontes, 1998.

SCHIFFTER, Frédéric. *Sobre o blablablá e o mas-mas dos filósofos.* Rio de Janeiro: José Olympio, 2003.

SEVERINO, Antônio Joaquim. *Filosofia da educação: construindo a cidadania.* São Paulo: FTD, 1994.

TEIXEIRA, Anísio. *Pequena introdução à filosofia da educação – a escola progressiva, ou, a transformação da escola.* 6. ed. Rio de Janeiro: DP&A, 2000.

VALENTE, Carlos; MATTAR, João. *Second life e web 2.0 na educação: o potencial revolucionário das novas tecnologias.* São Paulo: Novatec, 2007.

WINCH, Christopher; GINGELL, John. *Dicionário de filosofia da educação.* São Paulo: Contexto, 2007.

XAVIER, Maria do Carmo (Org.). *Manifesto dos pioneiros da educação: um legado educacional em debate.* São Paulo: FGV, 2004.

Referências

ADORNO, Theodor W. *Educação e emancipação.* 4. ed. Rio de Janeiro: Paz e Terra, 2006. 110.

ANDRADE, Oswald de. *Dicionário de bolso.* São Paulo: Globo, 1990.

AQUINO, Tomás de. *Sobre o ensino (De magistro) e Os sete pecados capitais.* Tradução e introdução de Jean Lauand. São Paulo: Martins Fontes, 2001.

AUSTER, Paul. *Da mão para a boca.* São Paulo: Companhia das Letras, 1993.

AZEVEDO, Fernando de. *Figuras de meu convívio.* 2. ed. São Paulo: Livraria Duas Cidades, 1973.

BAYARD, Pierre. *Como falar dos livros que não lemos?* Rio de Janeiro: Objetiva, 2007.

BEAN, Robert B. *Sir William Osler: aphorisms from his bedside teachings and writings.* Springfield: Charles C. Thomas Company, 1961.

BERGSON, Henri. *O riso: ensaio sobre a significação da comicidade.* São Paulo: Martins Fontes, 2001.

BIERCE, Ambrose. *O dicionário do diabo.* Porto Alegre: Mercado Aberto, 1999.

BOÉCIO. *A consolação da filosofia.* São Paulo: Martins Fontes, 1998.

BORDELOIS, Ivonne. *Etimología de las pasiones.* Buenos Aires: Zorzal, 2006.

BUARQUE, Cristovam. *Um livro de perguntas.* Rio de Janeiro: Garamond, 2004.

CABRERA, Julio. *O cinema pensa: uma introdução à filosofia através dos filmes.* Rio de Janeiro: Rocco, 2006.

CAMBI, Franco. *História da pedagogia.* São Paulo: UNESP, 1999.

CEBRÁN, Juna Luis. *A rede.* São Paulo: Summus, 1999.

CHAMFORT, Sébastian-Roch-Nicolas. *Máximas e pensamentos.* Rio de Janeiro: José Olympio, 2007.

CHOMSKY, Noam. *Linguagem e pensamento.* 2. ed. Petrópolis: Vozes, 1971.

COELHO, Marcelo. *Gosto se discute.* São Paulo: Ática, 2004.

COMENIUS, Jan Amos. *Didática magna.* 2. ed. São Paulo: Martins Fontes, 2002.

COMTE-SPONVILLE, A. *Dicionário filosófico.* São Paulo: Martins Fontes, 2003.

CORTAZÁR, Julio. *O jogo da amarelinha.* 6. ed. Rio de Janeiro: Civilização Brasileira, 1999.

DE OCHOA, Eugenio. *Apuntes para una biblioteca de escritores españoles contemporáneos en prosa y en verso.* Paris: Baudry, 1840.

DEWEY, John. *Democracy and education: an introduction to the philosophy of education.* Nova York: Cosimo, 2005.

DEWEY, John. *Vida e educação.* 9. ed. São Paulo: Melhoramentos, 1975.

DROIT, Roger-Pol. *A companhia dos filósofos.* São Paulo: Martins Fontes, 2002.

ECO, Umberto. *Arte e beleza na estética medieval.* Rio de Janeiro: Globo, 1989.

ECO, Umberto. *Quase a mesma coisa.* Rio de Janeiro: Record, 2007.

ELIOT, T. S. *Poesia.* Rio de Janeiro: Nova Fronteira, 2002.

FERNANDES, Millôr. *A bíblia do caos.* Porto Alegre: L&PM, 2002.

FRANKL, Viktor E. *Psicoterapia para todos.* Petrópolis: Vozes, 1990.

FREINET, Célestin. *Pedagogia do bom senso.* 7. ed. São Paulo: Martins Fontes, 2004.

FRÖBEL, Friedrich. *A educação do homem.* Passo Fundo: Ed. da Universidade de Passo Fundo, 2001.

GADAMER, Hans-Georg. *Elogio da teoria.* Lisboa: Ed. 70, 2001.

GARDNER, Howard. *Estruturas da mente: a teoria das inteligências múltiplas.* Porto Alegre: Artmed, 2002.

GIANNINI, Humberto. *Desde las palabras.* Santiago de Chile: Ed. Nueva Universidad, 1981.

GIANNOTTI, José Arthur. *Apresentação do mundo: considerações sobre o pensamento de Ludwig Wittgenstein.* São Paulo: Companhia das Letras, 1995.

GLASSER, William. *Escolas sem fracasso.* São Paulo: Cultrix, 1972.

GRENIER, R. *Da dificuldade de ser cão.* São Paulo: Companhia das Letras, 2002.

GUIMARÃES ROSA, João. *Grande sertão: veredas.* 19. ed. Rio de Janeiro: Nova Fronteira, 2001.

GUSDORF, G. *Professores para quê?* 3. ed. São Paulo: Martins Fontes, 2003.

HEIDEGGER, Martin. *A caminho da linguagem.* Lisboa: Fundação Calouste Gulbekian, 2002.

HEIDEGGER, Martin. *A caminho da linguagem.* Petrópolis: Vozes; Bragança Paulista: Ed. Universitária São Francisco, 2003.

HEIDEGGER, Martin. *Que é uma coisa?* Lisboa: Ed. 70, 1992.

HEWITT, Hugh. *Blog: entenda a revolução que vai mudar o seu mundo.* Rio de Janeiro: Thomas Nelson, 2007.

HOBBES, Thomas. *Leviatã ou Matéria, forma e poder de um estado eclesiástico e civil.* 3ª ed. São Paulo: Abril Cultural, 1983.

HÖLDERLIN, Friedrich. *Cartas.* Madri: Tecnos, 1990.

JAEGER, Werner. *Paidéia: a formação do homem grego.* 4. ed. São Paulo: Martins Fontes, 2003.

JACQUART, Albert. *L'héritage de la liberté, de l'animalité à l'humanitude.* Paris: Le Seuil, 1991.

JOLIF, J. Y. *Compreender o homem: introdução a uma antropologia filosófica.* São Paulo: Herder/Edusp, 1970.

JOHNSON, Paul. *Os heróis: de Alexandre o Grande e Julio César a Churchill e João Paulo II.* Rio de Janeiro: Elsevier, 2008.

JULNKE, Beejee Smith. Recuerdos de Julián Marías. *Revista Cuenta y Razón del Pensamiento Actual,* ISSN 0211-1381, n. 141, p. 117, 2006.

KANT, Immanuel. *A metafísica dos costumes.* Bauru: Edipro, 2003.

KANT, Immanuel. *Sobre a pedagogia.* 3ª ed. Piracicaba: Unimep, 2002.

KNELLER, George F. *Introdução à filosofia da educação.* 8. ed. Rio de Janeiro: Zahar, 1984.

LARROSA, Jorge. *Pedagogia profana: danças, piruetas e mascaradas.* 4. ed.. Belo Horizonte: Autêntica, 2004.

LEWIS, C. S. *O leão, a feiticeira e o guarda-roupa.* São Paulo: Martins Fontes, 1997.

LIPOVETSKY, Gilles. *A sociedade da decepção.* Barueri: Manole, 2007.

LIPOVETSKY, Gilles. *L'ère du vide: essais sur l'individualisme contemporain.* Paris: Gallimard, 1993.

LOCKE, John. *Pensamientos sobre la educación.* Madri: Akal, 1986.

LÓPEZ QUINTÁS, Alfonso. *El secuestro del lenguaje: tácticas de manipulación del hombre.* Madri: Asociación para el Progreso de las Ciencias Humanas, 1987.

LORENZ, Konrad. *On aggression.* Londres/Nova York: Routledge, 2002.

LURKER, Manfred. *Simbologia.* São Paulo: Martins Fontes, 2003.

MAKARENKO, Anton. *Conferências sobre educação infantil.* São Paulo: Moraes, 1981.

MAKARENKO, Anton. *Poema pedagógico.* São Paulo: Ed. 34, 2005.

MANN, Heinrich. *O anjo azul ou A queda de um tirano.* São Paulo: Estação Liberdade, 2002.

NARODOWSKI, M. *Comenius & a Educação.* Belo Horizonte: Autêntica, 2001.

MARÍAS, J. *La educación sentimental.* Madrid: Alianza, 1992.

MARÍAS, J. *Tratado de lo mejor: la moral y las formas de la vida.* Madri: Alianza, 1995.

MARÍAS, J. *Una vida presente: memorias 1 (1914-1951).* Madri: Alianza, 1988.

MARITAIN, Jacques. *Rumos da educação.* 4. ed. Rio de Janeiro: Agir, 1966.

MEIRELES, Cecília. Escola velha e Escola Nova. In: *Melhores crônicas: Cecília Meireles.* São Paulo: Global, 2003, p. 283.

MILLAN, Cesar. *O encantador de cães.* Campinas: Verus, 2007.

MOLNÁR, Ferenc. *Os meninos da rua Paulo.* Rio de Janeiro: Ed. de Ouro, 1969.

MONDA, Antonio. *Deus e eu: conversas sobre fé e religião.* Rio de Janeiro: Casa da Palavra, 2007.

MONDIN, Battista. *Os valores fundamentais.* Bauru: EDUSC, 2005.

MORIN, Edgar. *A religação dos saberes: o desafio do século XXI.* Rio de Janeiro: Bertrand Brasil, 2001.

MUSSIL, R. *O homem sem qualidades.* Rio de Janeiro: Nova Fronteira, 2006.

NARANJO, Claudio. *Mudar a educação para mudar o mundo: o desafio mais significativo do milênio.* São Paulo: Esfera, 2005.

NEJAR, Carlos. *O chapéu das estações.* Rio de Janeiro: Nova Fronteira, 1978.

NIETZSCHE, F. *A gaia ciência.* São Paulo: Companhia das Letras, 2005.

NIETZSCHE, F. *Crepúsculo dos ídolos [ou como filosofar com o martelo].* Rio de Janeiro: Relume Dumará, 2000.

NIETZSCHE, Fh. *O viandante e a sua sombra*. Rio de Janeiro: Ediouro, s.d.

NIETZSCHE, F. *Sabedoria para depois de amanhã: seleção dos fragmentos póstumos por Heinz Friedrich*. São Paulo: Martins Fontes, 2005.

ONFRAY, Michel. *Cinismos: retrato de los filósofos llamados perros*. Buenos Aires: Paidós, 2002.

ORTEGA Y GASSET, J. *Missão da universidade*. Rio de Janeiro: UERJ, 1999.

ORTEGA Y GASSET, J. *Que é filosofia?* Rio de Janeiro: Livro Ibero-Americano, 1971.

OSLER, W. *A way of life*. Philadelphia: Lippincott Williams & Wilkins, 1937.

OSTROWER, Fayga. *A grandeza humana: cinco séculos, cinco gênios da arte*. Rio de Janeiro: Campus, 2003.

QUINTANA, Mário. *Poesia completa*. Rio de Janeiro: Nova Aguilar, 2005.

PAULOS, John Allen. *I think, therefore I laugh*. 2. ed. Nova York: Columbia University Press, 2000.

PICO DELLA MIRANDOLA, Giovanni. *A dignidade do homem*. São Paulo: GRD, 1988.

PINKER, S. *Como a mente funciona*. São Paulo: Companhia das Letras, 1999.

PIQUÉ, Jorge Ferro. Linguagem e realidade: uma análise do *Crátilo* de Platão. *Revista Letras*, Curitiba, v. 46, 1996, p. 177.

POPPER, Karl. *A vida é aprendizagem*. Lisboa: Ed. 70, 2001.

POSSENTI, Sírio. *Por que (não) ensinar gramática na escola?* Campinas: ALB/Mercado Aberto, 1997.

POSTMAN, Neil. *O fim da escola: redefinindo o valor da escola*. Rio de Janeiro: Graphia, 2002.

QUINO. *Toda a Mafalda*. Lisboa: Publicações Dom Quixote, 1990.

QUINTANA, Mario. *Poesia completa*. Rio de Janeiro: Nova Aguilar, 2005.

LÓPEZ QUINTÁS, Alfonso. *El poder del diálogo y del encuentro: Ebner, Haecker, Wust, Przywara*. Madri: BAC, 1997.

RAMOS, Graciliano. *Vidas secas*. 82. ed. Rio de Janeiro: Record, 2001.

READ, Herbert. *A educação pela arte*. São Paulo: Martins Fontes, 2001.

READ, Herbert. *A redenção do robô: meu encontro com a educação através da arte*. 2. ed. São Paulo: Summus, 1986.

REBOUL, Olivier. *Filosofia da educação*. 6. ed. São Paulo: Companhia Editora Nacional, 1985.

ROCHA, Luiz Carlos de Assis. *Gramática: nunca mais – o ensino da língua padrão sem o estudo da gramática*. São Paulo: Martins Fontes, 2007.

RODIN, Auguste. *A arte: conversas com Paul Gsell.* Rio de Janeiro: Nova Fronteira, 1990.

RÓNAI, Cora (Org.). *Caiu na rede.* Rio de Janeiro: Agir, 2006.

ROUSSEAU, Jean-Jacques. *Les confessions.* Paris: Gallimard et Librarie Générale Française, 1968.

SAINT-EXUPÉRY, Antoine. *Um sentido para a vida.* 2. ed. Lisboa: Aster, s.d.

SARRAUTE, Nathalie. *O uso das palavras.* Lisboa: Difel, 1980, p. 13.

SAVATER, Fernando. *O valor de educar.* São Paulo: Martins Fontes, 1998.

SAVIANI, Dermeval. *Ensino público e algumas falas sobre universidade.* São Paulo: Cortez, 1984.

SCHUMACHER, Ernst Friedrich. *O negócio é ser pequeno.* 3. ed. Rio de Janeiro: Zahar, 1981.

SEVERINO, Antônio Joaquim. *Filosofia da educação: construindo a cidadania.* São Paulo: FTD, 1994.

SLOTERDIJK, Peter. *Crítica de la razón cínica.* Madri: Siruela, 2003.

STEINER, G. *Nenhuma paixão desperdiçada.* Rio de Janeiro: Record, 2001.

SUASSUNA, A. *Auto da Compadecida.* 35. ed. Rio de Janeiro: Agir, 2005.

TEIXEIRA, Anísio. *Pequena introdução à filosofia da educação – a escola progressiva, ou, a transformação da escola.* 6. ed. Rio de Janeiro: DP&A, 2000.

UNAMUNO, Miguel. *Amor y pedagogía.* 19. ed. Madri: Espasa Calpe, 1999.

UNAMUNO, Miguel. *Del sentimiento trágico de la vida en los hombres y en los pueblos.* 6. ed. Buenos Aires: Espasa Calpe Argentina, 1943.

VALÉRY, P. *A alma e a dança, e outros diálogos.* Rio de Janeiro: Imago, 2005.

VARGAS LLOSA, Mario. *A verdade das mentiras.* 3. ed. São Paulo: Arx, 2004.

VATTIMO, Gianni. *A sociedade transparente.* Lisboa: Relógio D'Água, 1992.

VERÍSSIMO, Érico. *Caminhos cruzados.* 2. ed. Porto Alegre: Globo, 1964.

WATZLAWICK, Paul. *Sempre pode piorar ou A arte de ser (in)feliz: uma abordagem psicológica.* São Paulo: EPU, 1984.

WHITEHEAD, Alfred N. *Os fins da educação e outros ensaios.* São Paulo: Companhia Editora Nacional/Editora da USP, 1969.

WILLS, Garry. *Santo Agostinho.* Rio de Janeiro: Objetiva, 1999.

WITTGENSTEIN, L. *Da certeza.* Lisboa: Ed. 70, 2000.

WITTGENSTEIN, L. *Investigações filosóficas.* São Paulo: Nova Cultural, 1999.

ESTE LIVRO FOI COMPOSTO COM TIPOGRAFIA MINION REGULAR E IMPRESSO EM PAPEL OFF SET 75 G. NA FORMATO ARTES GRÁFICAS.